PRISCILLA ALCANTARA

O LIVRO DE TUDO

PRISCILLA ALCANTARA

O LIVRO DE TUDO

Ágape

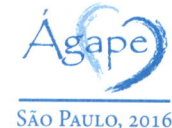

São Paulo, 2016

O Livro de Tudo
Copyright © 2016 by Priscilla Alcantara Silva Fonseca
Copyright © 2016 by Editora Ágape Ltda.

COORDENAÇÃO EDITORIAL
Rebeca Lacerda

REVISÃO
Patrícia Murari

CAPA E PROJETO GRÁFICO
Rebeca Lacerda

COLABORAÇÃO
Augusto P. de Camargo
Dimitry Uziel (pp. 1,3,5,7,9,10)
Emilly Reis

ENSAIO FOTOGRÁFICO
Studio Bianca Machado

FOTOS
Arquivo pessoal da autora

MAQUIAGEM
Priscilla Alcantara

FIGURINO
Acordei e fui (Priscilla Alcantara)

COORDENADOR EDITORIAL
Vitor Donofrio

EDITORIAL
Giovanna Petrólio
João Paulo Putini
Nair Ferraz
Rebeca Lacerda

GERENTE DE AQUISIÇÕES
Renata Mello do Vale

ASSISTENTE DE AQUISIÇÕES
Acácio Alves

Texto de acordo com as normas do Novo Acordo Ortográfico da Língua Portuguesa (1990), em vigor desde 1º de janeiro de 2009.

Dados Internacionais de Catalogação na Publicação (CIP)

Alcantara, Priscilla
   O livro de tudo / Priscilla Alcantara. -- Barueri: Ágape, 2016.

   1. Alcantara, Priscilla, 1996- 2. Cantoras – Brasil – Estilo de vida 3. Jovens - Vida cristã 4. Sucesso 5. Vlogs (Internet) I. Título.

16-0563   CDD 305.23508827
                                      CDD 248.4

Índice para catálogo sistemático:
1. Jovens cristãos – Estilo de vida   305.23508827
2. Vida cristã - Jovens   248.4

EDITORA ÁGAPE LTDA.
Alameda Araguaia, 2190 – Bloco A – 11º andar – Conjunto 1112
CEP 06455-000 – Alphaville Industrial, Barueri – SP – Brasil
Tel.: (11) 3699-7107 | Fax: (11) 3699-7323
www.editoraagape.com.br | atendimento@agape.com.br

PRISCILLA ALCANTARA

O LIVRO DE TUDO

O LIVRO DE TUDO

PRISCILLA ALCANTARA

Ok. Tudo bem...
Acho que consigo.
Inspira... solta...

Eu ia escolher um tema específico para escrever umas cento e poucas páginas, até eu me lembrar de que no meio delas eu ia começar a falar coisas aleatórias e fora do tema principal (pessoas que falam muito vão me entender). Então eu notei que um único tema seria muito limitado, por isso decidi escrever um livro onde eu pudesse falar de tudo!

Eu queria escrever de tudo não só porque eu falo muito (muito mesmo), mas também porque existem muitas coisas a serem ditas. Nosso mundo anda tão superficial que deixamos passar despercebidas coisas de grande valor. Por isso eu realmente estou disposta a compartilhar o que eu descobri ao longo dos meus pouquíssimos vinte anos (às vezes a idade mental tem um pouco menos de vinte... uns doze...).

Eu tenho um lema: **eu não quero simplesmente falar, eu quero viver o que eu falo**. Isso porque eu não quero que as pessoas apenas ouçam, eu quero que elas vivam as coisas boas que ouvem. Por isso este é um livro sobre a vida real. Afinal, estamos cansados de mimimi, né? Quero mostrar o que há por trás da artista que todos conheceram dez anos atrás pela televisão. Mostrar que levo um estilo de vida diferente da maioria, talvez, mas foi a maneira que encontrei de fazer minha vida ter algum sentido de verdade.

Ah, antes de começar, deixa eu já dar uns avisos:

1. Eu decidi que o livro seria muito mais legal se fosse como uma conversa entre você e eu, por isso não estranhe as gírias, o vocabulário… Sou só eu!
2. Também não vamos seguir a linha biografia, porque eu não tenho tanto conteúdo pra isso. Mas vai ser legal, prometo!!

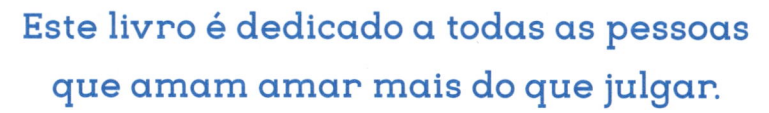

Este livro é dedicado a todas as pessoas que amam amar mais do que julgar.

Avisos dados, agora vamos começar bonitinho... Que tal com a dedicatória?

AGRADECIMENTOS

Obviamente, o primeiro agradecimento é para o meu melhor amigo: JESUS! Obrigada por me aguentar Te enchendo o saco, pedindo por criatividade. Guerreiro, viu! Obrigada também pela ideia do livro, pelos textos, que quando minha mente já não funcionava mais de cansaço, você praticamente escrevia por mim. Feliz por saber que este projeto nasceu no Seu coração.

Agradeço às três melhores pessoas do mundo: papai, mamãe, Lula (calma, é a minha irmã – na verdade o nome dela é Alyne, mas a chamo de Lula desde pequena e até hoje não sei por que). Sou apaixonada por vocês três. Agradecimento especial a todos aqueles que de alguma maneira acompanham o meu trabalho e me apoiam com tanto amor e carinho.

E pra você que comprou este livro, um agradecimento em caps lock: OBRIGADA!!

"Sonhos não passam de sonhos quando você deixa de viver o propósito de Jesus pra sua vida."

Alyne Alcantara

Em O Livro de Tudo você vai entender de uma forma bem-humorada e desprendida de qualquer religiosidade que não só podemos, mas devemos ser livres com Jesus, baseados em Seu amor e graça. A partir disso podemos sonhar com o futuro, tendo a plena certeza de que Deus está disposto a realizar esses sonhos segundo a vontade dEle, basta ter fé e confiar!

Foi dessa maneira que a Pri chegou onde está hoje. Vivendo sua vida centrada na vontade de Deus, sabendo usar sua liberdade de uma maneira positiva e tendo responsabilidades, acima de tudo.

Desde pequena ela se mostrou muito segura do que queria para a sua vida e sempre soube valorizar as oportunidades e ensinamentos que Deus dava através das situações da vida. E com o passar do tempo, ouvindo e obedecendo a Deus, aprendeu com essas experiências a estar cada dia mais confiante nEle.

Mesmo passando por algumas situações turbulentas e outras em que poderia ter se deixado levar facilmente pela fama, ela se manteve firme, buscando os propósitos que Deus tem para a sua vida e sua trajetória foi tomando rumos que nem ela imaginava. Este livro não é uma biografia, mas aqui você poderá saber um pouquinho dessas mudanças, das escolhas, dos propósitos que Deus tem cumprido e entender *como funciona esse negócio de "sonhar".*

Hoje, Priscilla Alcantara é inspiração para muitos jovens, crianças e adultos devido ao seu trabalho, suas músicas que, a cada dia, têm tocado os corações de muitas pessoas por aí. Mas o mais importante para minha irmã é se manter apaixonada todos os dias e se esforçar para ser parecida com Jesus e manifestar o Reino dEle aqui na terra.

"A pessoa que aceita e obedece aos meus mandamentos prova que me ama. E a pessoa que me ama será amada pelo meu Pai, e eu também a amarei e lhe mostrarei quem sou." (João 14:21)

É muito bom saber que temos pessoas assim, com esse foco e objetivo, sendo uma boa influência para o mundo. Com esse jeito "zoeira" de lidar com a vida e mostrando com alegria e palhaçadas que essa liberdade em Jesus é o que a rege. Isso não tem nada a ver com religião ou falta de responsabilidade, mas com o amor de Jesus e os ensinamentos que Ele nos deixou.

"Jesus respondeu: – 'Ame o Senhor, seu Deus, com todo o coração, com toda a alma e com toda a mente.' Este é o maior mandamento e o mais importante. E o segundo mais importante é parecido com o primeiro: 'Ame os outros como você ama a você mesmo.'" (Mateus 22: 37-39)

Se tem algo que a Pri nos inspira, tanto para quem a acompanha pelas redes sociais, quanto para nós, que a conhecemos na intimidade, é o amor por Jesus e ao próximo. É difícil de explicar esse amor, esse estilo de vida. Pois têm coisas que só se compreende com um relacionamento mais íntimo.

Um relacionamento íntimo e sincero com o Pai é a melhor maneira de manifestar e refletir o caráter de Jesus na terra, para que possamos levar e ser a luz para o mundo através desse amor. Então temos a certeza de que não viemos a este mundo simplesmente para preencher espaço, mas sim, resgatar vidas através da verdade de Cristo, sempre lembrando de que os planos de Deus são muito maiores e melhores do que os nossos. E quando temos essa confiança, como citado no início, aprendemos a esperar com paciência e obediência sem que nada corrompa a nossa fé, independentemente das situações ao nosso redor.

Com este bate-papo com a Pri, você verá que todo jovem, adulto ou criança, têm muitos sonhos, mas que carreira, fama, mídia... **NADA vale a pena** e NADA funciona como deveria se não estiver no centro da vontade de Deus.

O Livro de Tudo vai te mostrar que a vida com Jesus, um relacionamento intenso, aberto e sincero com Ele é transformador, muito legal e divertido ao mesmo tempo; o contrário do que muitas pessoas imaginam. Sem caretices. E é essa liberdade, amor e alegria que nos inspira e nos faz querer viver muito mais de Jesus em nós.

Espero que este livro te ajude a sair da sua zona de conforto com Deus, e que você procure viver o seu próprio *#JesusLifeStyle*. Lembrando-se sempre dos mandamentos que Ele nos deixou. E, é claro, que te proporcione momentos de muitas risadas, não só com a leitura, mas para uma vida toda ao lado de Jesus!

Deus abençoe!

Alyne Alcantara (Lula, para a Pri).

> Agora, palavras de uma pessoa séria, pra aumentar a credibilidade deste livro: Felipe Parente!
>
> (Já foi meu pastor. Saudades, pastor.)

PREFÁCIO DO PASTOR

Felipe Parente
(Igreja Bola de Neve)

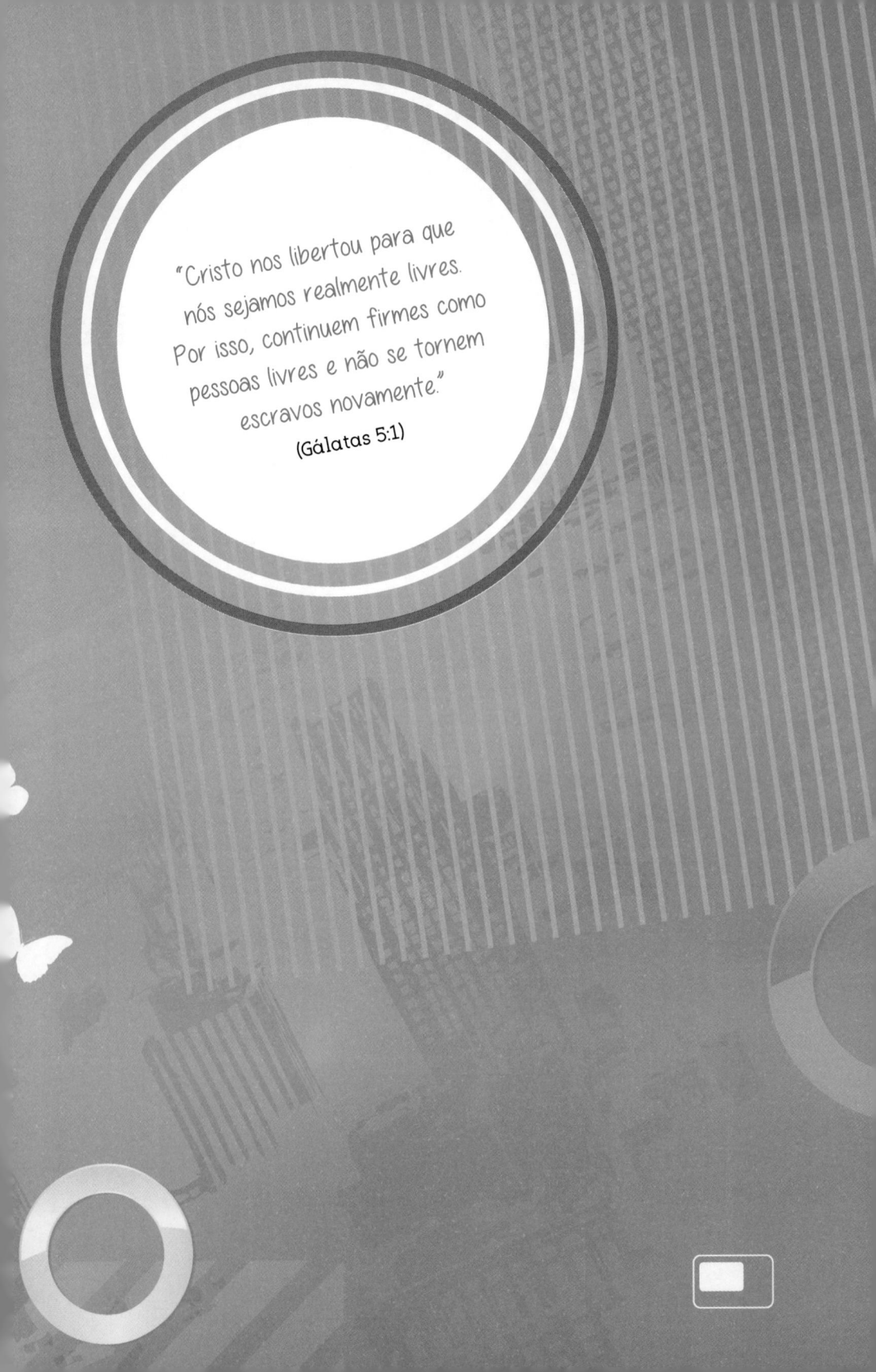

"Cristo nos libertou para que nós sejamos realmente livres. Por isso, continuem firmes como pessoas livres e não se tornem escravos novamente."

(Gálatas 5:1)

Uma das melhores sensações que se tem à medida que se amadurece é a de liberdade.

É maravilhoso começar a tomar as próprias decisões, escolher o que fazer e quando fazer. Ir e vir em liberdade.

Agora, você já parou para pensar o que significa liberdade? Qual seria o benefício de ter liberdade?

É muito legal mesmo se sentir livre, mas saiba que a liberdade também traz responsabilidades. Quem é livre se torna responsável por suas atitudes e comportamentos.

A Bíblia diz, em 2 Coríntios, capítulo 3, versículo 17, que "onde está o Espírito do Senhor, aí há liberdade".

O segredo efetivo da liberdade, na realidade, é saber usá-la. Muitas pessoas usam da liberdade que possuem para gerarem exatamente o efeito contrário a ela: acabam presas a algo.

Pessoas que não sabem usar sua liberdade, rapidamente se encontram reféns de alguma coisa, e a alegria de ser livre repentinamente vai embora. Pois liberdade é não ser preso a nada, é não ter dívida com ninguém, é não se deixar prender por uma alegria passageira que qualquer produto possa trazer, é não ser preso por sistemas ou convenções pré-estabelecidas.

A pergunta então deveria ser: *Como você usa sua liberdade?*

Tenho convicção de que a leitura deste livro vai te inspirar a conhecer mais um pouco sobre o significado da verdadeira liberdade.

Priscilla é alguém que logo cedo descobriu a fama, os benefícios e a liberdade que ela oferece. Porém me alegra ver que as escolhas de vida da Priscilla envolveram a liberdade que ela possui em Jesus Cristo.

Há um versículo na Bíblia que diz: "conhecereis a verdade, e ela vos libertará" (João 8:32).

Tenho plena certeza de que as experiências que a Priscilla já viveu com Deus a fizeram sempre escolher a melhor opção para sua liberdade: ela sempre optou por viver em Cristo e para os Seus propósitos.

Alegro-me em ver como Deus tem levantado pessoas nesta geração, que carregam Sua mensagem de forma descontraída, irreverente, divertida, porém com a essência preservada.

É exatamente isso que você encontrará neste livro: um pouco das experiências da Priscilla, seus passos sendo conduzidos por Deus e a liberdade que ela tem de viver em Jesus Cristo em seu dia a dia.

Certamente, durante a leitura você irá se divertir muitas vezes (muitas vezes mesmo!!), refletir outras tantas e enxergar que é possível viver uma vida comum, porém com um compromisso profundo com o Deus que criou todas as coisas.

Todas as escolhas feitas ao longo da vida fizeram esta menina hoje ter a oportunidade de viajar por todo o Brasil, dividindo sua história, talento e fé, não somente para a sua geração, mas para todas as pessoas que têm o privilégio de ter contato com sua essência.

Finalmente, espero que este livro te mostre a alegria que temos em servir um Deus vivo, real, que está muito mais próximo do que imaginamos e que fala conosco todos os dias.

Você é livre!
Saiba usar sua liberdade em Jesus Cristo.

Deus te abençoe!

Felipe Parente
Pastor da Igreja Bola de Neve

P. 80 - A falsiane da mídia

P. 92 - Uns temas aí que me deram na telha

P. 102 - A saída do Bom Dia & Cia

P. 110 - #JesusLifeStyle

P. 118 - Eu & Deus

TUDO COMEÇA COM UM SONHO

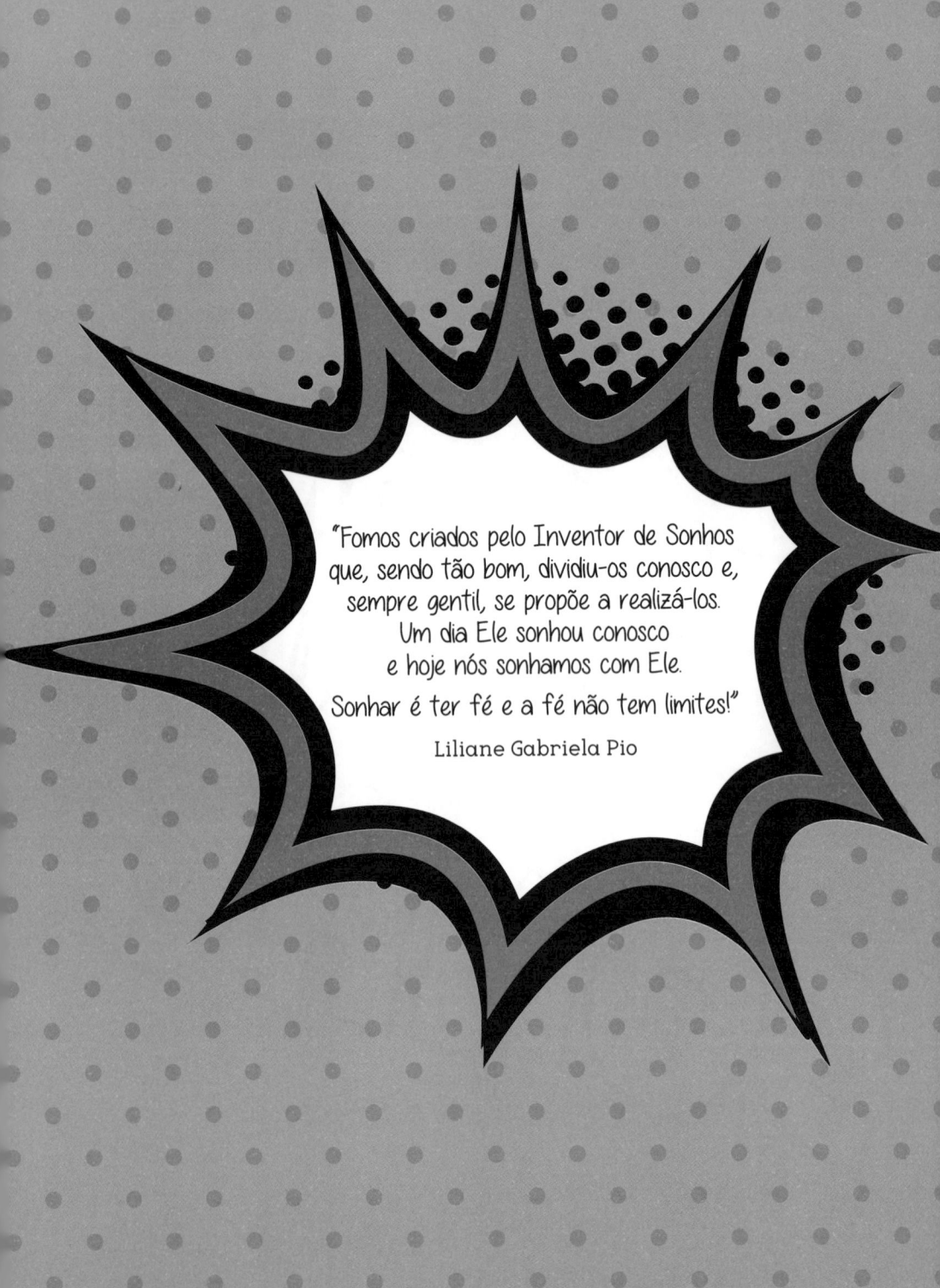

"Fomos criados pelo Inventor de Sonhos que, sendo tão bom, dividiu-os conosco e, sempre gentil, se propõe a realizá-los. Um dia Ele sonhou conosco e hoje nós sonhamos com Ele. Sonhar é ter fé e a fé não tem limites!"

Liliane Gabriela Pio

Antes de começar, vou logo respondendo a pergunta que com certeza você já fez aí na sua cabeça, caso tenha se lembrado do que eu fazia na televisão: não, não vou te dar um Playstation! Hahaha!

Todo mundo me pergunta se essas brincadeirinhas me irritam. Não me irritam, mas com certeza chegamos ao ponto em que eu tenho que forçar uma risada porque, afinal, ouvir isso desde os nove anos (e pelo jeito vou ouvir pelo resto da minha vida) é só para os muito fortes! Claro que entro na brincadeira também.

Enfim, a televisão. Cara, eu NUNCA, na minha vida, poderia imaginar que um dia eu seria apresentadora e muito menos que SILVIO MITO SANTOS seria meu patrão! Até hoje, quando eu penso como tudo aconteceu, fico tipo "Deus... Você é maluco!". Fico mais impressionada ainda porque reconheço que eu não tinha a beleza das crianças que fazem comercial de shampoo infantil, eu era bem... exótica, digamos. Sorte que eu era simpática... tadinha.

Toda vez que entro no assunto da minha carreira como apresentadora, que foi onde tudo começou, a palavra que melhor pode resumir toda essa história é SONHO! Acho que podemos começar o livro falando sobre isso. O que acha?

( ) Sim
( ) Não
(X) Tanto faz, o livro já está escrito mesmo

Ok. Obrigada por concordar.

Uma coisa que realmente me preocupa hoje em dia é que as pessoas têm sonhado muito pouco, e quando sonham, sonham baixo. Por medo de se frustrar, talvez. Mesmo assim, não me conformo. Sonhar é o tipo de coisa que a gente não pode parar de fazer NUNCA! Sonhar não é coisa de gente iludida, mas sim de quem acredita que se fizer a sua parte, a vida pode surpreender. Sonhar é o primeiro passo para as coisas acontecerem. Digo isso por experiência própria.

Voltando para 2002...

Quando eu tinha dois anos de idade eu já cantava, e aos seis já havia decidido sozinha que queria seguir carreira como cantora. Mesmo não sabendo nada sobre a vida eu fiz a minha parte em acreditar, investir nesse sonho até conquistá-lo. Eu me lembro de que eu era tão "pra frente" quando o assunto era sonhar, que eu dizia para os meus pais: "Então, pai, mãe, a gente pode conseguir um dinheiro, e aí gravamos uma demo minha com três músicas, mostramos para as gravadoras até alguém me contratar". Simples assim! Imagino a cara dos meus pais pensando tipo: "Meu Deus, criamos um monstro!".

E lá em casa as coisas não eram fáceis financeiramente. Meus pais nem me levavam ao mercado para eu não passar vontade de comprar as coisas! Então DE ONDE eu achava que podia tirar dinheiro pra isso, e conseguir reuniões com as grandes gravadoras? Quem era eu na fila do pão? Sei lá, mas eu sabia sonhar.

Então, três anos depois de começar a sonhar, eu estava na televisão. E mais surpreendentemente, uns anos depois, eu consegui o meu tão sonhado contrato com uma gravadora, gravei CDs e hoje sou reconhecida pela minha música.

BEIJINHOS DE LUZ

PS: Espero que a menina que fazia bullying comigo na escola esteja lendo isto, rs. Bjs de luz!

Pausa para um momento fofo...

Eu sonho o tempo todo. Eu passo em frente a estádios e digo "Eu vou lotar esse lugar pra Jesus". Fuço o Instagram dos artistas famosões e digo "Justin Bieber vai gravar uma composição minha". Sim. São coisas aparentemente impossíveis para o agora. Mas se só Deus sabe do futuro, como você pode me dar certeza de que essas coisas não vão acontecer? Hein!?

Eu sou tão a *loka dos sonhos,* que meus amigos se irritam porque para tudo eu digo "Ai, isso é meu sonho!". Passo num bairro legal, "Ai, meu sonho morar aqui". Passa um comercial de viagem, "Ai, meu sonho é viajar pra este lugar...".

Falando em viagem, tá aí mais um exemplo. Eu tenho um grupo de amigas e amamos fazer viagens juntas. Começamos viajando para Itanhaém, litoral de São Paulo; depois começamos a desafiar (com força) a nossa conta bancária: "Vamos para Miami!!". Cada uma se virou para juntar a grana, planejamos a viagem enxugando o máximo as despesas (mesmo se tivéssemos que jantar cup noodles no quarto do hotel, dane-se, é Miami) e dois meses depois estávamos a caminho dos Estados Unidos. E por aí foram outras viagens... Tudo porque sonhamos juntas e fizemos a nossa parte em acreditar e fazer o que estava ao nosso alcance para que o sonho acontecesse.

Na última viagem de férias, fomos para o Chile, e postando as fotos líamos muitos comentários do tipo: "Nossa, que ricas!", "Férias de gente rica é outra coisa!". E a gente só pensava:

Amigo(a)... Seje menas. MAL SABIA essa galera que ficávamos falando para os chilenos que eu era famosa no Brasil só para conseguirmos nosso precioso "descuento"! Ficávamos pensando *A galera vive muito dentro de uma caixinha. Se para eles algo é impossível, eles se conformam com isso.* NÃO! Por favor, não se conforme com o impossível! Quando eu dei a ideia de viajarmos para o Chile, não tínhamos condições imediatas, mas concordamos em tentar e deu certo. Sacou como funciona?

Alyne, Lo, Pri (eu, rs), Lari e Pamit

Quem vê estas fotos não imagina as parcelas que deixamos pra pagar no Brasil, rs...

Essa história da viagem foi só um exemplo, mas essa é a questão: as pessoas se limitam muito pelas condições do agora. Claro, temos que ser realistas, pé no chão, mas isso não te impede de sonhar e de se empenhar para mudar uma circunstância! Eu sei que existe o medo de se frustrar. Mas e se der certo? Porque em último caso, se der errado, pelo menos você tentou. Sonhar não é sinônimo de ilusão, mas sim de fé!

Mas se a questão é o medo de dar errado, acho que eu posso te ajudar. Conheço um atalho!

O segredo

Para que as coisas realmente acontecessem na minha vida, eu precisei descobrir como funcionava esse mecanismo de sonho virar realidade. Por eu sempre sonhar muito alto, a queda pode ser muito mais dolorida, mas mesmo assim eu não deixo o medo me vencer e sempre escolho arriscar.

O medo é natural do ser humano, eu não sou um alien! Eu sei dos prós e contras; dos 50% de chance de dar certo e os outros 50% de dar errado; sou consciente. Mas ainda sabendo de tudo isso, eu nunca recuei, sempre insisti. O que me fez vencer o medo de me frustrar? Humm... Este é o segredo, e aí vai: Conheci a Bíblia desde pequena. Fui ensinada a viver de acordo com o que Deus achava bom para mim. Foi na palavra de Deus que descobri que Deus também curte muito essa vibe de sonhos. Então logo pensei: *Já me identifiquei, vamos ser amigos para sempre, Deus!*

Aprofundando mais nessa história, descobri que o motivo pelo qual Deus ama que a gente sonhe é porque Ele ama realizar sonhos. OPA! Essa foi a deixa para eu me achar a rainha da cocada preta e fazer umas dez *wishlists*, tipo cartinha de Natal para o Papai Noel, só que para Deus. #sqn Óbvio que não é assim que funciona.

Aí me veio a pergunta: se Deus quer realizar sonhos, por que nem tudo o que eu sonho acontece? Por que às vezes me frustro? Simples. Porque aquilo que a gente tem sonhado pode não ser o sonho de Deus para a nossa vida. TCHARAM! Agoooora sim chegamos no elemento X. Não basta simplesmente sonhar com coisas aleatórias tipo "Quero namorar o Zac Efron!" (quem nunca na adolescência). É preciso sonhar coisas que, de fato, são para você. Eu acredito muito em propósitos. Coisas sem propósito não têm raiz. Bate um vento e elas vão embora. Eu só me tornei o que sou hoje porque esse era o sonho de Deus pra mim, há propósito nisso, e então eu sonhei com Ele. Sonhar com Deus não é fantasiar coisas. Sonhar com Deus é lutar por aquilo que Ele já determinou para o seu futuro. Ou seja, se os meus sonhos estão alinhados com os sonhos de Deus, cara... Não tem como eu me frustrar.

Quando eu tinha oito anos, ganhei um programa de competição musical no SBT e fui para o México representar o Brasil na edição internacional desse *reality show*. Eu me lembro que toda vez que alguém me perguntava se eu achava que ia vencer a competição, minha resposta era sempre a mesma (leia com a língua presa, era como eu falava): "Se eu ganhar, vou ficar muito feliz, mas se eu não ganhar, tudo bem também. Vou colocar Deus na frente e dar o meu melhor". AWN! QUE BONITINHA!! Até me esqueço que já tive minha fase meiga... Enfim, voltando... Ali eu aprendi que sonhar os sonhos de Deus, na verdade, é você entregar todas as suas vontades nas mãos dEle e deixar que Ele comande a parada toda. Sonhar com Deus te faz construir coisas que vento nenhum pode levar.

Foi assim que eu aprendi a sonhar sem ter medo de me frustrar. Por isso, antes de começar um sonho, pergunte a Deus se Ele também sonha essa mesma coisa pra você. Se a resposta for SIM, vai fundo! Mas se for NÃO... CORRE!

> "As pessoas podem fazer seus planos, porém é o Senhor Deus quem dá a última palavra. Você pode pensar que tudo o que faz é certo, mas o Senhor julga as suas intenções. Peça a Deus que abençoe os seus planos, e eles darão certo." (Provérbios 16:1-3)

Vivendo com Deus eu aprendi que Ele tem planos bons pra todas as áreas da nossa vida. Os sonhos de Deus para nós vão desde "mimos do Papai" até "quem eu serei na sociedade". Deixa eu ver se consigo explicar melhor: Deus planejou um futuro relevante pra mim, Ele quer que eu seja *alguém na vida* e eu tenho que sonhar com isso. Estudos, família, profissão... Mas Ele também me permite sonhar com coisas que parecem ser irrelevantes, como uma viagem de férias, entendeu? Talvez muita gente pense "Deus tem mais o que fazer do que ficar realizando sonho bobo dos outros". Acredite em mim, Deus é um Pai extremamente amoroso, e tem vez que Ele realiza o que parece ser um "sonho bobo" só pra te ver feliz (por exemplo, minhas viagens de férias, que contei lá no começo). Claro, isso quando Ele tá a fim, e com Ele não se discute.

Também não podemos achar que por isso temos o direito de ficar enchendo o saco de Deus "Ai, me dá a casa da Bárbieeee, nunca te pedi nada, por favorzinho, Deus!". Deus não é obrigado a nada, então não torre a paciência. Até porque é muito mais agradável quando alguém te surpreende. E com Deus, a melhor coisa é que Ele sabe tudo sobre nós. Tudo o que temos no coração, nossos desejos, os grandes e os pequenos... *T-U-D-O!* Tem tanta coisa que eu gostaria que acontecesse, mas eu não fico enchendo o saco de Deus pra Ele fazer, porque eu sei que Ele me conhece e se ELE QUISER, Ele vai fazer acontecer. Ele que manda, eu só observo. E quantas vezes Deus me surpreendeu assim? Inúmeras! Isso me faz lembrar uma regrinha básica, grife aí:

DEUS NÃO TEM FILHO MIMADO

"Portanto, ponham em primeiro lugar na sua vida o Reino de Deus e aquilo que Deus quer, e ele lhes dará todas essas coisas."
(Mateus 6:33)

A gente precisa tomar um pouco de cuidado pra não confundir as coisas. Deus não é gênio da lâmpada (se fosse eu teria medo, com certeza). Sabe aquela sensação de quando você cai na real e vê que tal pessoa estava te usando só para conseguir algo?

( ) Sim, eu sei.
( ) Não, não sei.
( ) Marque sim para eu não me sentir a sozinha, obrigada.

Pois é... É horrível se sentir usado. Eu meio que já passei por situações assim por conta de eu estar na mídia etc... As pessoas sempre querem tirar vantagem, achando que eu posso oferecer algo. Mas, *so sorry*, eu sinto o cheiro de falsiane de loooonge! – Agora, né?, porque quando eu não tinha o meu olfato muito apurado, eu me lascava. Sempre fui meio sonsa pra saber quem eram os interesseiros. Sonsa não, vai... Sonsa é mancada. Ingênua. Sempre fui meio ingênua, por isso às vezes me machucava. Com certeza essa não é uma sensação boa. Você simplesmente se sente um NADA! Quando você confia em alguém, você espera que confiem em você. Quando ama alguém, você espera que te amem de volta. E quando alguém te usa, é como se só você se doasse para aquela relação, você é a única parte verdadeira daquilo tudo. "Pera aí, eu estou dando amor, atenção, confiança, lealdade e nada tem sido recíproco. Quer dizer que nada disso importa? Quer dizer que um interesse próprio é mais importante do que tudo isso?". Eu tive que passar por isso para entender que é exatamente assim que Deus se sente quando O buscamos por aquilo que Ele pode nos dar e não por quem Ele é! Eu não posso usar Deus para realizar as minhas vontades. Isso dói nEle, e eu nunca quero machucá-Lo.

O que um relacionamento pode nos proporcionar é muito maior do que apenas uma realização pessoal. Num relacionamento não existe o "eu", mas sim o "nós". Amar a Deus pelo o que Ele é e não pelo o que Ele pode me dar. Amar as pessoas pelo o que elas são e não pelo o que elas podem me dar. Por isso vemos o mundo sendo tão cruel hoje em dia. A galera só está ligando para o próprio interesse, porque não se importa mais com o que há dentro de cada um.

Eu sempre penso comigo *Dane-se se Deus não fizer tal coisa pra mim. Eu já O tenho, e bastante*, porque, cara, não era nem pra eu estar viva! Ouvi um homem incrível chamado Todd White dizendo uma frase mais incrível ainda:

"... E de repente está buscando a Deus para abençoá-lo, ao invés de perceber que você é a bênção".

A mesma coisa funciona de pessoa pra pessoa: seu namorado não pode te dar um anel da Tiffany & Co, mas se ele te faz feliz por quem ele é, aceita o 25 de Março mesmo, miga!

Enfim... Checklist do que vimos até aqui e vamos para um outro assunto.

( ) Devemos sonhar sem parar.
( ) Sonhar com Deus é melhor, também é mais seguro.
( ) Nunca encher o saco de Deus. Deixa Ele fazer na hora dEle.
( ) Ser falsiane, jamais! Não posso usar ninguém por interesse. Muito menos Deus.

"Acredito que não existam limites pra sonhar, mas devemos estar sonhando os sonhos de Deus pra nossa vida. Isso é o que nos impulsiona: saber que estamos vivendo um propósito, que Deus nos chamou pra fazer a diferença, e colocar isso em prática!"
Glenda Esteves

E agora, falamos sobr[e] o quê? Eu que tenho que saber, né!? Eu so[u] a escritora… Ok. Lem[-]brei de um assunto bom! Vire a página!

IRREVERENTE POR FORA

"Um caráter cristão se reconhece pelo testemunho dado aos que estão em volta. Não pelas roupas, pelo cabelo ou pelo quão diplomado você possa ser. Trata-se da testificação do Espírito Santo na vida dos outros através da sinceridade dos nossos corações."

Renato Fernando Cornelsen

As pessoas que me acompanham pelas redes sociais, pelos vídeos que faço etc., sabem que não sou muito normal. Digo... Espera, estou tentando me definir melhor...

Bom, acho que essa é a única definição mesmo: não sou muito normal. Sou dessas que faz os amigos passarem vergonha em lugares públicos, dessas que não se importam em não ser comportadas o tempo todo. Minha personalidade é meio irreverente para certas coisas. Eu não faço questão de ser a politicamente correta, de estar de acordo com um padrão que a sociedade ou seja lá quem impôs. Mas, às vezes, isso confunde algumas pessoas quando elas descobrem que sou cristã. Por exemplo, dizem que minhas mudanças de visual e tatuagens não são de Deus, que minhas dancinhas no "Vlog de Tudo" não são o tipo de coisa que um cristão faz etc. Coisas assim que eu leio e penso: *Não. Eu vou ler mais uma vez porque eu devo ter lido errado...*

Este é um assunto meio complicado, mas quero mesmo conversar com você sobre isso, porque foi algo que já me oprimiu bastante até eu entender como funcionava de verdade. Vou tentar não deixar brechas aqui para ninguém me apedrejar depois (nunca se sabe, os *haters* estão por toda parte, podem estar lendo isso agora. Uhhh! Aliás, se você for um *hater* e tiver comprado este livro, eu realmente não sei qual é o seu problema).

Sabe, eu nunca enxerguei Deus como um ditador. Deus nunca foi alguém que me desse medo porque Ele definitivamente não é mau nem ranzinza, como muita gente pensa. Além de Deus ser meu Senhor e Pai, eu sempre me acheguei a Ele como um... Amigo. Sabe aquela pessoa que você troca ideia e conta sua vida inteira, e dá a sua opinião sobre as coisas que estão rolando ao redor, ouve as broncas e os conselhos? Foi assim que gerei minha relação com Deus, aliás é assim que somos até hoje: Amigos!! Deus não nos criou para sermos marionetes, mas para sermos um só com Ele, em amor. Sempre passo muito tempo com Deus conversando sobre tudo mesmo, fazendo o nosso vínculo ser cada vez maior.

Depois de falar mais de uma hora, sem parar, até parece que estou falando sozinha, mas aí Ele diz: "Continua, estou ouvindo". E ao longo de todos esses anos em que ando com Jesus, eu NUNCA O vi agindo comigo como um ditador de regrinhas. Ele nunca me deu uma lista de "como se parecer um cristão à vista dos outros". Mas o que Ele sempre me ensinou foi "você não tem que parecer, você tem que ser!". Deus não quer simplesmente te dar uma cartilha de recomendação, "como se vestir, qual o corte de cabelo ideal, usar gírias ou não", porque andar com Jesus e ter um estilo de vida cristão é muito mais do que isso! O que Deus quer é nos ensinar o Seu caráter. Uau, esse foi o ponto que mudou a minha visão da vida.

Para ser um verdadeiro cristão, eu preciso refletir o caráter de Deus. "Caráter, caráter, caráter..." Fiquei repetindo isso até entender. "Caráter!" Quando Jesus me chamou para andar com Ele, Ele me fez ser uma nova pessoa de dentro para fora, até porque a Bíblia mesmo diz que:

"O que contamina o homem não é o que entra na boca, mas o que sai da boca, isso é o que contamina o homem." (Mateus 15:11)

O que há dentro de mim reflete nas minhas atitudes. Então comecei a perceber que não é com o meu cabelo que Deus se importa. Não é com o fato de eu estar com uma saia até o pé ou não, nem mesmo o meu jeito *zuera never ends*. Essas coisas não determinam o caráter de Deus em mim. O que de fato determina é se eu tenho em mim os frutos dEle como amor, alegria, paz, bondade, fidelidade, domínio próprio, não ter inveja, nem ciúmes, ira, discórdias, impureza, idolatria, inimizades, bebedeiras, pensamentos ou atos totalmente imorais, que induzem à sexualidade impura... Enfim, enfim (se você tiver uma Bíblia em casa, pode ler mais em Gálatas 5)...

Hoje eu neeem me abalo quando as pessoas me julgam por coisas externas. Meu Instagram, coitado, tá calejado o bichinho! Não sigo mesmo um padrão e não tem por que seguir um. O que realmente importa é que o meu caráter seja o mesmo de Deus. Exemplo, Jesus não tinha *dread* no cabelo, mas Ele ama e usa pra caramba o cara de *dread* que possui o caráter dEle. Culturas são culturas. Personalidades são personalidades. Existem milhões de tipos diferentes! Tem até uma música de um cara que eu aaaamo chamado Salomão do Reggae, que quando eu ouvi pela primeira vez, fiquei tipo WOOOWWW REPLAY 1000x!! Leia aí uns trechinhos, completam bem o que quero dizer:

"A forma que eu canto esta canção
 não altera o que eu tenho no coração.
 Oh não, para o meu Senhor
 minhas tatuagens, meu jeito de ser
 não espantam, não botam pra correr
 aqueles que querem a verdade.
 Eu já sei o que vai dizer
 eu sou diferente, e pode crer.

 Só que dentro de mim
 existe um ser igual a você (...)

 Quem condena meus dreads não sabe o valor
 que tem um rasta nas mãos do Senhor
 pra falar do amor, falar do amor."

O mais chato é que toda essa pressão do "não pode isso, não pode aquilo" coloca na nossa mente a intenção errada. Deixamos Deus com imagem de ditador. E não é assim que funciona. "Ah, eu não faço isso porque a minha religião não permite" ou porque "Ah, se eu fizer isso, vou pro inferno". Incentivo errado! Aliás, Jesus não é uma religião. Se você realmente O ama de coração, você não deixa de fazer certas coisas por conta de uma imposição religiosa ou de homens, ou medo de ir para o inferno, mas sim porque aquela determinada coisa não agrada o coração dEle! **A questão é agradar ou não a Deus**, ferir ou não o caráter dEle, porque O representamos aqui na terra. O meu estilo não diz nada sobre isso. A minha conduta, minha moral e ética, sim, porque são baseadas no caráter de Deus. Então eu vivo a liberdade. Vivo livre. Só que eu vivo essa liberdade ao lado dEle.

Por ser livre, eu poderia fazer o que quisesse. Isso incluiria me embebedar, fumar, por exemplo... Mas isso feriria Deus, feriria o Seu caráter que está em mim. Então me embebedar e fumar estão fora da minha lista de coisas que posso fazer com a minha liberdade. Entendeu? Essa é a lógica que eu aprendi com Jesus. **Irreverente por fora e reverente por dentro.** É assim que eu levo o meu estilo de vida. Não que isso seja uma regra. Estou me baseando na minha própria personalidade, já que ela muitas vezes é questionada. Mas eu vivo sim completamente livre, porque foi para a liberdade que Cristo nos libertou. O que quero dizer é que não importa o seu estilo, importa que por dentro você tenha temor pelas coisas de Deus, e se permita ir com sua

"O aroma de um perfume não pode ser reconhecido pela embalagem, o caráter cristão também não. Um caráter cristão não é definido por aparências ou padrões estabelecidos pela sociedade. Mas, sim, por atitudes e escolhas que fazemos."

Carlos Abraão Freitas

liberdade até o limite que o caráter de Deus te impõe, para que não se torne libertinagem. Somos livres nEle!!

É importante sim existir a galera de um estilinho mais careta, mas também devem existir os vida-loka de Jesus e por aí vai... É a personalidade de cada um. A única coisa que precisa ser comum a todos é o caráter de Cristo, porque esse é o fator determinante para que o mundo veja Ele em nós!

Vou contar aqui uma experiência que tive referente a esse assunto. Não me lembro a data exata, mas em 2015 a cantora Demi Lovato (aquela do Camp Rock, *THIS IS REAAAL, THIS IS MEEE!!*) veio ao Brasil para divulgar seu novo álbum e fazer tipo um show particular para alguns fãs e quase todos os *influencers* (youtubers, blogueiros etc.) mais conhecidos também foram convidados. Até então eu não ia nem havia sido convidada. De repente me deu um cinco minutos e eu disse "Deus, se Você deixar, eu quero ir nesse rolê aí. E Você vai dar um jeito e eu vou falar algo de você pessoalmente pra Demi". AAAAA LOKA!! Não tinha nem sido convidada, ainda queria *meet & greet*. Só se caísse do céu mesmo, ainda bem que eu pedi isso orando! Ok, fiz meus corres, liguei para o meu assessor e ele disse que ia tentar, mas, assim, sem criar expectativas porque seria bem improvável de conseguir. Até que, depois de algumas horas, recebo a notícia de de que eu tinha conseguido uma credencial para o show e ainda para *meet & greet*. PASSEI MAAAAL!! "Pô, Deus, Tu é dez. Valeu, tô dentro!". Fui.

Chegando lá, encontrei toda a galera da internet, fiz amizade com muitos deles, me diverti com as pessoas; várias delas vinham até mim falando sobre minhas músicas e de como ouvi-las as fazia bem, e eu sabia que Jesus estava ali comigo, porque Ele poderia não ter permitido a minha ida (eu sempre deixo isso claro para Ele quando oro pedindo algo), mas permitiu. Eu estava O representando ali. Se carregamos Cristo dentro de nós, O representamos em qualquer lugar. Enfim, chegou o momento de conhecer a Demi e eu tipo "Deus, é nóis na missão, não me abandone!". Só que acabou que o encontro com ela teria que ser em grupo, então foi uma super muvuca na hora da foto. Quando eu entrei, não consegui ficar ao lado dela, fiquei na frente do grupo, mas olhei para a Demi e percebi que ela me olhava meio fixa por uns segundos. *Vai, Deus, faz ela Te ver em mim!* Ouvi o clique da foto e no mesmo segundo os seguranças já estavam tirando a gente da sala. "Não, moço, pelo amor de Deus, preciso falar algo pra ela!". Eles não queriam saber.

Mas bem na hora da saída, quando olhei de novo para a Demi, ela também estava olhando para mim e eu disse: "JESUS LOVES YOU, DEMI!" (JESUS TE AMA, DEMI!). Ela deu um sorrisão. Na verdade, ela estava sorrindo, mas acho que devia estar pensando "Alguém tira essa louca daqui!" hahaha! Enfim, missão cumprida!!

Depois disso assistimos ao show, e ela é realmente incrível. Extremamente talentosa e é visível que ela tem algo muito especial. Teve até um momento que, enquanto a Demi cantava, eu orava por ela em voz baixa, claro, e também orava por todos que estavam ali comigo. Comecei a chorar por sentir Deus ali, amando aquelas pessoas mesmo nem todas correspondendo a esse Amor da maneira como Ele gostaria. Deus é isso, entende? Ele quer e busca a todos porque ama a todos independentemente de quem sejam, do que façam. Enfim. (Perceberam que eu falo muito "enfim", né?! Enfim.)

Nisso eu já estava postando fotos do evento o dia inteiro, fotos com a galera que estava lá. Quando eu cheguei em casa e fui ler os comentários... Nunca li tanta babaquice num mesmo post! Eu li coisas horríveis. Julgamentos terríveis. Eu fiquei em choque. Como pessoas que dizem amar a Deus podem ter atitudes tão incoerentes com o caráter do Deus que servem? Foi péssimo. Não por receber tais críticas, mas por ver a que ponto as pessoas chegam por fazerem um papel que não cabe a elas: o de julgar. "Priscilla, você não deve estar no meio desses pecadores!" Ah, amor, e você é o quê? Eu sou o quê? Não foi exatamente por sermos pecadores que Jesus morreu por todos nós? Qual é a diferença do nosso pecado e do deles, se não existe pecado maior ou menor? Enquanto eles me crucificavam, eu estava em paz. O dia tinha sido incrível... Eu sei que de alguma forma Deus usou a minha vida em algum momento no meio daquelas pessoas. Há quanto tempo será que a Demi não ouvia alguém dizendo que Jesus a ama? E qual o problema de estar, andar com pessoas que não servem a Jesus como eu? Não são justamente essas pessoas que Jesus me pede para alcançar?

Entenda: o problema não é andar com quem não compartilha da mesma fé que você, o problema é compactuar com as coisas erradas. O problema é você se deixar ser influenciado, quando, na verdade, você precisa ser a influência. É isso que a Bíblia quer dizer quando diz que precisamos ser "separados". Porque se "separados" significasse que teríamos que viver dentro de uma bolha, Jesus não comeria na casa de pecadores nem teria andado com eles. Ele nem teria vindo a terra! E olha que Ele é DEUS, e agia com tamanha compaixão para com todos. E nós somos QUEM para fazermos o contrário? Ser separado não significa que você não deva se relacionar com pessoas, mas apenas pra você não se sujar nesse contato.

> "Não sou o que eu visto, sou o que sinto e o que faço Diante de Deus, o seu caráter não é definido pela sua aparência, pois diferentemente do homem, que vê apenas o que está diante de seus olhos, Ele olha além do que podemos ver, ele olha para o teu coração."
> Karoline Di Bonito Silva

Alguns também ficaram chocados por eu estar "curtindo um show de música secular". Olha, esse é um ponto muito polêmico. Eu tenho a minha opinião, que pode não ter força para mudar a de alguém que não concorde. Também não quero dar margem para esse assunto que só termina em discussão. Mas sabe, às vezes há muito mais sinceridade no amor de uma música romântica do que em muitas letras de música gospel, em que as pessoas não vivem o que pregam. Eu vejo música como arte. Obviamente, eu não vou a um baile funk dançar até o chão e dizer que está tudo bem. Esse é o tipo de coisa que feriria o caráter de Deus. Mas onde eu estava, estava tudo limpo, era leve. Havia paz ao meu lado, havia luz ao meu redor. Eu não fui ali com a intenção de simplesmente "compactuar com o mundo", como alguns estavam dizendo. Eu tinha intenções maiores e Deus viu isso e concordou com isso. Fora que, convenhamos, ouvir aquele vozeirão da Demi Lovato ao vivo é sonho para qualquer cantor, então valeu MESMO, Deus!

Enfim. Representei ali o caráter de Deus tanto quanto dentro de uma igreja. Quando você vive por esse caráter, você faz com que tudo seja sobre Ele. Enquanto as pessoas me julgavam por ter ido naquele show, eu voltava para casa de mãos dadas com Jesus, porque eu havia feito de tudo para tornar aquele momento, aquele dia sobre Ele, porque o próprio me deu a oportunidade de estar ali. E assim aconteceu. A parada toda foi tão de Deus, que eu sugeri que os fãs comentassem nas redes sociais dela a hashtag #JesusLovesYouDemi. Quando eu acordei, a hashtag tinha virado até TrendTopic no Twitter da Itália!! Os gringos estavam comentando mesmo sem entender, e todas as redes sociais da Demi ficaram lotadas dessa frase. Deus faz essas coisas malucas pra nos alcançar com amor.

Tudo se resume em saber *o que realmente faz as pessoas enxergarem Jesus em nós*. E não são coisas externas, mas sim o que sai de dentro de mim. Esqueça os julgamentos baseados naquilo que os olhos veem superficialmente, porque na real, a minha verdade, a sua verdade, não valem de nada. Existe apenas uma Verdade, e é a que vem do alto. Essa Verdade é a que faz justiça a tudo e a todos, e não a nossa opinião pessoal do que é certo ou errado.

E para encerrar: É TUDO CULPA DOS RÓTULOS, que só servem para limitar as pessoas. Sério, tenho um ódio gratuito por rótulos que só Deus sabe... Mas depois que eu conheci um Papai Noel que sem a fantasia mostrava seus 95% do corpo tatuado, eu me desapeguei a qualquer rótulo que a sociedade colocou dentro da minha cabeça, juro! Então me esqueci dos rótulos, me esqueci dos padrões e passei a perguntar "Deus, quem eu nasci pra ser em Você? Quem Você quer que eu seja?" E aí começa um processo. Nem sempre tão fácil, mas necessário pra que a gente chegue ao nosso propósito de vida. Mas isso é assunto para o próximo capítulo.

Vou contar pra vocês a minha maior busca na vida!

PROPÓSITO DE VIDA

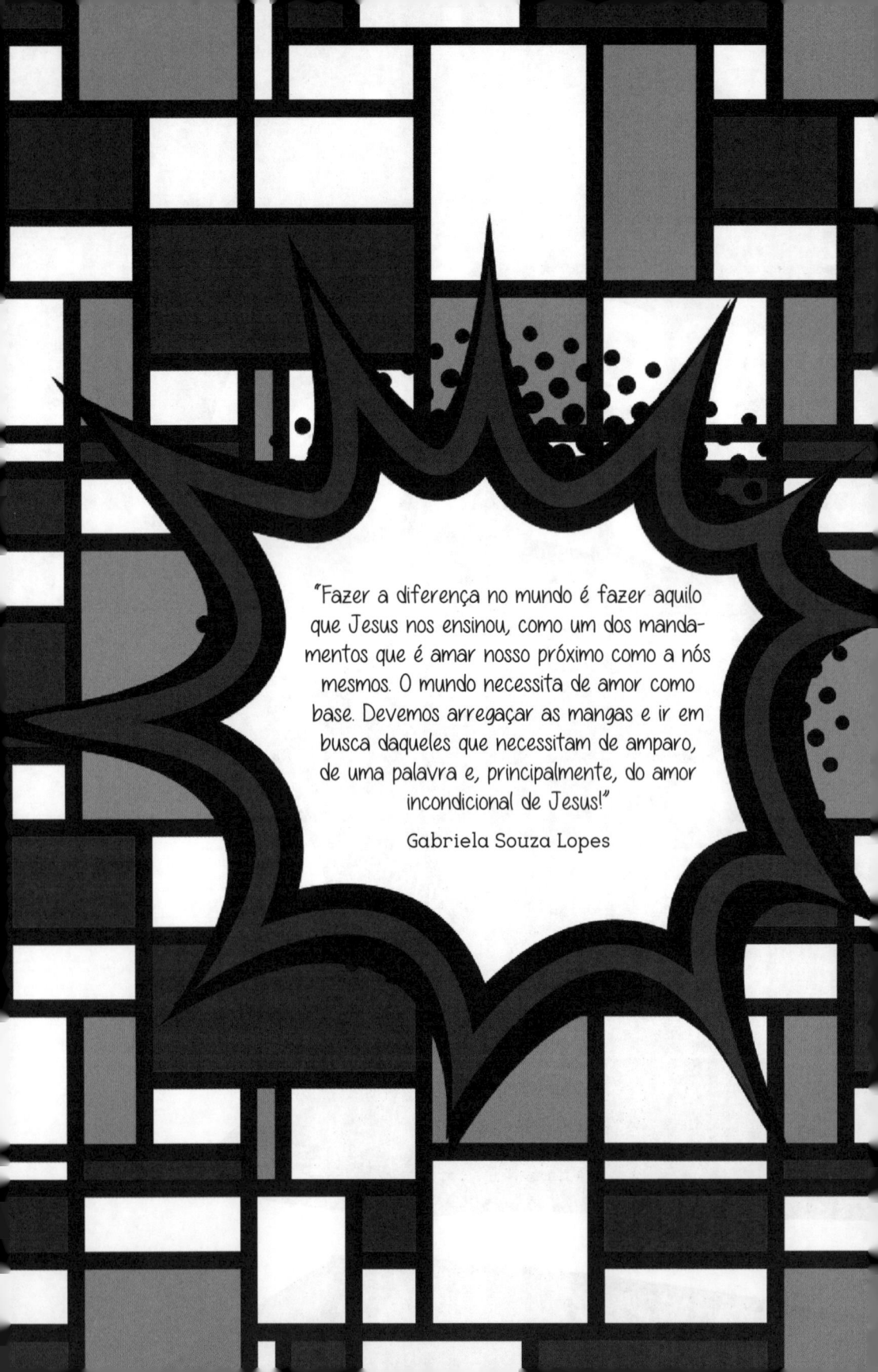

"Fazer a diferença no mundo é fazer aquilo que Jesus nos ensinou, como um dos mandamentos que é amar nosso próximo como a nós mesmos. O mundo necessita de amor como base. Devemos arregaçar as mangas e ir em busca daqueles que necessitam de amparo, de uma palavra e, principalmente, do amor incondicional de Jesus!"

Gabriela Souza Lopes

Minha maior busca nessa vida é compreender a minha missão 100%. Descobrir cada mínimo detalhe da minha função aqui na terra para cumpri-la exatamente como ela foi planejada. Quero cumprir tudo perfeitamente, cada vírgula. Pra mim, esse é o único jeito de fazer a vida realmente valer a pena. Eu não acho que nascemos simplesmente para sobreviver. Definitivamente não. Eu creio que nascemos para VIVER e nisso existe uma grande diferença, acredite. Deus não jogou você e eu no mundo simplesmente para ocupar a terra com um monte de gente aleatória. Não existimos só pra fazer volume, esse nunca foi o Plano. Existe um motivo para estarmos aqui. Em cada um de nós há um propósito de vida.

Eu não sei quem são as pessoas que estão lendo isto agora. Infelizmente, eu não te conheço, caro leitor. Não tenho i-dei-a de qual é a sua crença, sua idade, seu nome... Então talvez fique meio difícil falar sobre o que você nasceu pra ser, porque não sei o que curte fazer, não sei no que é bom. Mas uma coisa eu sei sobre você, porque vale a mesma coisa pra mim e pra qualquer pessoa no mundo: você nasceu pra fazer a diferença. "Nossa, isso parece um *slogan* clichê de alguma propaganda chata que quando passa na TV eu mudo de canal." Sim, parece, mas esquece esse detalhe, continua lendo.

 O que eu quero dizer é que você não nasceu pra ser a mesma coisa que eu e vice-versa. Óbvio que cada um tem o seu lugar na sociedade, seu espaço, sua função. Mas a verdade é que todos nós temos um propósito em comum, algo que todos nascemos pra fazer independentemente das nossas escolhas pessoais. Muitas pessoas viram as costas para esse propósito pelo medo da responsabilidade de ter que fazer algo que aparentemente é grande, pesado demais. Ou por egoísmo mesmo. Mas fazer a diferença não é tão difícil quanto parece.

 Sabe, houve um dia em que eu devia estar fazendo qualquer coisa aleatória e, de repente, algo me fez parar pra pensar se a vida era só aquilo mesmo. "Será que é tudo sobre mim? Será que a vida é somente sobreviver para alcançar os meus próprios objetivos, construir coisas pra mim? Eu não sirvo mais pra nada? Sério mesmo?" E a conclusão que eu cheguei foi: "C-H-A-T-O! Se a vida for só isso, prefiro jogar Banco Imobiliário pra sempre, porque tá quase igual (ainda mais se eu sentar perto do banqueiro. Entendedores entenderão).

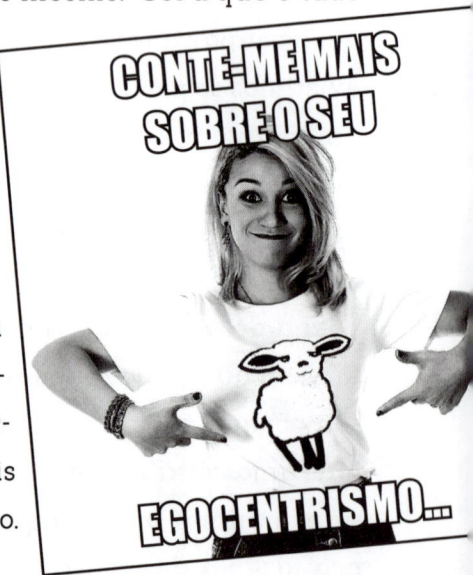

Fiquei pensando por horas... "Cadê a emoção desse negócio chamado 'vida'?". Tinha que ter mais alguma coisa, algo que me levasse a impactar pessoas. Tinha que ter alguma missão! E eu não estava maluca. De fato existe uma missão e graças a Deus eu descobri isso a tempo, antes de me tornar uma egoísta alienada. Eu precisei admitir a mim mesma, "Queridinha, há mais a se fazer. Comece a olhar mais ao redor e menos para o próprio umbigo.".

Será que olhando para o mundo e vendo a situação em que ele se encontra, você não sente mesmo nem uma pontinha de necessidade de fazer algo para tentar melhorar isso tudo? Vai, três segundos pra pensar. Um, dois, pronto. O que me diz? Se a resposta foi "sim", você acabou de despertar sua missão. Se a resposta foi "não"...

Priscilla Alcantara te removeu do grupo

A partir daí o meu foco se tornou viver por aquilo que de fato eu nasci pra fazer. Eu não queria mais gastar as minhas energias com algo que seria como correr atrás do vento. Eu queria ver sentido em viver. O dinheiro, o *status*, a riqueza, nada disso representa quem uma pessoa realmente é, mas aquilo que você demonstra ser de dentro pra fora em atitudes, isso sim faz com que você represente algo. Não estou dizendo que você não pode ter como objetivo de vida ser alguém bem-sucedido, por exemplo. Na verdade Deus também planeja um futuro brilhante pra gente. Mas esse não pode ser o único foco, não pode se tornar uma obsessão que te cegue porque existe algo mais profundo que justifica a sua existência – humm, falei bem cult agora.

Em outras palavras, precisamos focar em deixar a nossa marca, fazer a diferença, levar às pessoas algo bom, plantar sementes que gerem transformação. Esse é o nosso propósito de vida em comum! Ser o que o mundo precisa que nós sejamos. Como? E só prestar atenção ao seu redor. Se você vê que onde está, falta amor, ame mais. Se falta paz, seja mais pacífico. Se falta compreensão, seja mais compreensivo e por aí vai. Comece em você a mudança que deseja para o mundo, porque só olhar e criticar, como a maioria faz, não gera transformação alguma.

Assim, você estará plantando sementes, e então as pessoas ao seu redor começam a se contaminar com as coisas boas que você transborda, isso se torna um ciclo. Eu sempre penso "se eu tenho algo bom, preciso compartilhar". Não existe sentido em guardar dentro de si a sete chaves o que se tem de melhor porque a graça é você passar adiante e ver outras pessoas recebendo aquele mesmo bem que um dia você recebeu.

"Fazer a diferença não começa por ser diferente, mas ser diferente em um mundo de iguais, isso reflete o quanto somos o reflexo do que vivemos, do que cremos e amamos. Só podemos fazer a diferença se vivermos por Aquele que fez tudo diferente: Jesus!"

Elys Marina Braz Pereira Flor

Já devo ter mencionado que desde que me entendo por gente conheço Jesus, porque nasci num lar cristão etc. Mas assim como na maioria dos casos, na minha adolescência passei por uma crise de identidade, mais conhecida como **"quero fazer o que os outros fazem"** e acabei quaaase me esquecendo do meu propósito. Graças a Deus, quando eu estava prestes a ultrapassar a linha, Ele me puxou pelos cabelos e me lembrou qual era a verdadeira situação: "Você pode sim viver pra satisfazer a si mesmo, curtir como quiser, livre de qualquer responsabilidade... Mas isso não é você, porque não foi pra isso que Eu te gerei". Óbvio que Deus estava certo e então eu escolhi abrir mão de tudo o que podia me afastar do meu propósito. Comecei a andar cada vez mais perto de Jesus pra compreender tudo sobre a minha missão, descobrir o que precisava ser feito. E andar com Jesus é ser surpreendido todos os dias, porque quando você pensa que Ele não pode ser mais incrível, o Lindo vem e supera todas as expectativas. Dá vontade de bater a cabeça três vezes na parede, de tão maravilhoso (eu manifesto meus sentimentos de um jeito um pouco intenso). Ainda mais sabendo que Ele escolheu a gente como casa, o Reizão da parada toda mora DENTRO de mim, eu O carrego (e qualquer um que escolhe viver por Ele também O carrega). E com o passar dos dias, Jesus se tornou o que eu tenho de melhor. Na verdade Ele é a única coisa boa em nós. Ele é completo, nEle estão todas as coisas. E quando eu me dei conta, não vi nenhuma outra missão além de compartilhá-Lo e passei a viver em função disso. Eu precisava deixar a Verdade voar pra fora de mim para que outras pessoas experimentassem a loucura desse Caminho! Vou dar um exemplo idiota, mas sabe quando você come alguma coisa MUITO boa e diz "Meu, fulano tem que comer isso!", ou quando visita algum lugar legal e diz "fulano tem que vir aqui um dia!"? Tudo o que experimentamos de bom, geralmente temos vontade de que outros também experimentem. Essa é a lógica! Eu vivo todos os dias a melhor coisa que alguém poderia viver: JESUS! E minha maior vontade é que o mundo inteiro viva e sinta o que eu sinto quando estou com Ele, porque não tem nada que se compare!

Em algumas entrevistas as pessoas me perguntam "Mas por que você escolheu a temática cristã para as suas músicas?" e eu respondo "Cara, eu não teria outra coisa pra falar. Isso é o que eu tenho de melhor, é o que eu vivo, foi a solução pra minha vida. Preciso passar adiante". Ah! Lembrei de uma música perfeita pra esse capítulo: I Was Here – Beyoncé.

"(...) Quero dizer que vivo cada dia, até morrer
Eu sei que representei algo na vida de alguém
Os corações que toquei serão as provas que deixarei
Que eu fiz a diferença e esse mundo verá que
Eu estive aqui
Eu vivi, eu amei
Eu estive aqui
Eu o fiz, eu fiz

Tudo o que eu sempre quis
E foi mais do que eu esperava que fosse
Deixarei a minha marca para que todos saibam
Que eu estive aqui.
(...) Só quero que saibam que dei tudo de mim
Fiz o meu melhor
Trouxe alegria a alguém
Deixei este mundo um pouco melhor
Apenas porque eu estive aqui."

LÁGRIMAS!! <3 Eu aqui, há horas, tentando escrever o capítulo, vem uma simples música falando tudo o que eu queria falar e destrói todo o meu esforço. Obrigada, Beyoncé.

Continuando... Não subestime a si mesmo. Para fazer a diferença você não precisa de grandes recursos; não é necessário estar em uma grande plataforma. Você só precisa saber quem nasceu pra ser e... ser! Use as ferramentas que tem ao seu redor, os seus dons... Tudo pode se tornar um meio de alcançar alguém e qualquer oportunidade é válida! Eu, por exemplo, entrei no meio artístico sabendo que Deus não havia me dado essa oportunidade simplesmente pra eu fazer minha vida, ganhar grana ou qualquer coisa do tipo. Ele me colocou ali com um propósito maior: fazer a diferença na vida das pessoas daquele meio e de todos os que eu alcançaria através da televisão. Usei a porta que Ele abriu para fazer o que tinha que ser feito. Eu sempre costumo dizer nos meus shows para as pessoas que me encontram que os nossos dias são valiosos demais, assim como a nossa vida. Por isso não os leve de qualquer jeito, viva o seu propósito.

A vida não é só eu, eu, eu, não é só satisfazer os seus prazeres, então admita isso e comece a ser um agente de transformação para o mundo. Faça os seus dias valerem a pena o sacrifício que Jesus fez pra que hoje você pudesse viver. Corresponda a essa atitude de Amor dando o seu melhor aqui na terra. E além do mais, todo dia é uma nova oportunidade para se tornar uma versão melhor de si mesmo; a cada dia você pode descobrir um novo jeito de fazer a diferença. Como eu disse, pode até dar um medinho, porque parece uma responsa grande demais, mas entende que isso não é nada além do que a gente nasceu pra fazer? Está dentro de nós, só precisa ser ativado. O fato do mundo estar em péssimas condições hoje em dia, não significa que temos que ficar sentados esperando a coisa ficar ainda pior, muito pelo contrário! Podemos usar justamente isso como o nosso combustível para lutar por uma mínima melhora que seja até que o Amor se sobressaia à maldade. Fora a sensação incrível que é gerada quando vivemos pelo propósito, aquela coisa de saber que você é realmente útil para algo além de sobreviver. Conta essa novidade aí para o seu cérebro.

Você não precisa fazer algo só porque a maioria faz. Como dizem todas as mães do universo "Você não é todo mundo!". Não precisa ter vergonha de assumir a responsabilidade de fazer a diferença só porque a sociedade acha que isso é inútil. Sabe o que é inútil? Ser só mais uma cópia de milhares que já existem. Não deixe nada te afastar do seu propósito. Seja o que Deus quer que você seja, essa é a direção correta. Fazer a diferença e escolher sempre o que é justo, levar esperança aonde não tem, e ser um copo que nunca está vazio, mas sempre transbordando. Não esquecendo que se o copo está vazio quer dizer que ele pode se encher de qualquer coisa. Ou seja, você escolhe o que vai transbordar; se será algo bom, ou algo ruim, algo relevante ou irrelevante. Mas se fizer a escolha certa, você pode se tornar a maior arma em favor do bem. Por isso revele o seu propósito ao mundo e o atinja com o que você tem de melhor. Não estou falando das suas qualidades. Estou falando sobre deixar que seu corpo e caráter manifestem Aquele a quem você foi feito imagem e semelhança. Temos a chave para ajudar o mundo, consegue perceber? E só pra deixar claro mais uma vez: lutar por uma mudança é você SER a mudança.

Tem tanta coisa zoada que eu vejo que tenho vontade de chegar na voadora! Mas do que adianta começar mais uma guerra? Não esqueça que você é a maior arma. Seja reflexo de tantas coisas boas que as pessoas se sintam inspiradas a mudar quando se virem nesse espelho (você). Seja o reflexo de Jesus. Cara, o modo como Ele mudava a vida das pessoas simplesmente por meio do bom convívio, do amor, de atitudes verdadeiras... Ele era Luz por onde passava. E você não acha que é exatamente disso que a sociedade precisa até hoje? Só faz sentido ser luz se for em meio às trevas, e por isso Ele deixou essa missão pra mim e pra você. A missão de não só fazer o que Ele fez, mas fazer ainda mais, atingindo quem quer que esteja ao nosso redor! Esse é o nosso propósito. Não se desvie dele. E se ainda não ficou claro pra você sobre como fazer a diferença, vai aí o método mais simples e eficaz de todos: AMAR! Tenha amor gratuito por todos! O amor não é um sentimento, mas uma escolha. Por isso escolha amar em todo tempo, porque não há nada que defina melhor quem Jesus é do que o próprio Amor.

PS 1: cumprir o propósito não é difícil, mas permanecer nele nem sempre é fácil. Sempre vão aparecer coisas tentando te tirar o foco. Mas resista às tentações, bota pra correr as distrações e não desista da sua missão.

PS 2: passe esta mensagem adiante: "Vocês são a luz para o mundo. Não se pode esconder uma cidade construída sobre um monte. Ninguém acende uma lamparina para colocá-la debaixo de um cesto. Pelo contrário, ela é colocada no lugar próprio para que ilumine todos os que estão na casa. Assim também a luz de vocês deve brilhar para que os outros vejam as coisas boas que vocês fazem e louvem o Pai de vocês, que está no céu." (Mateus 5:14-16).

Huum, tô curtindo esta conversa – apesar de que não sei se podemos chamar isto aqui de conversa, já que até agora só eu falei, mas tudo bem… Quer saber? Já que é pra ser uma conversa, esta é a sua hora de falar! Continue o nosso papo, escreva aí a sua opinião sobre o que falamos até agora, expresse seus sentimentos.

Depois, se quiser, tire uma foto e poste nas redes sociais, usando a tag #OLivroDeTudo pra eu ler o que você escreveu.

As páginas seguintes são suas!

> Só não vai passar vergonha com o português, cuidado aí com os "seje", "menas"... Representa o grupo! Manda ver!

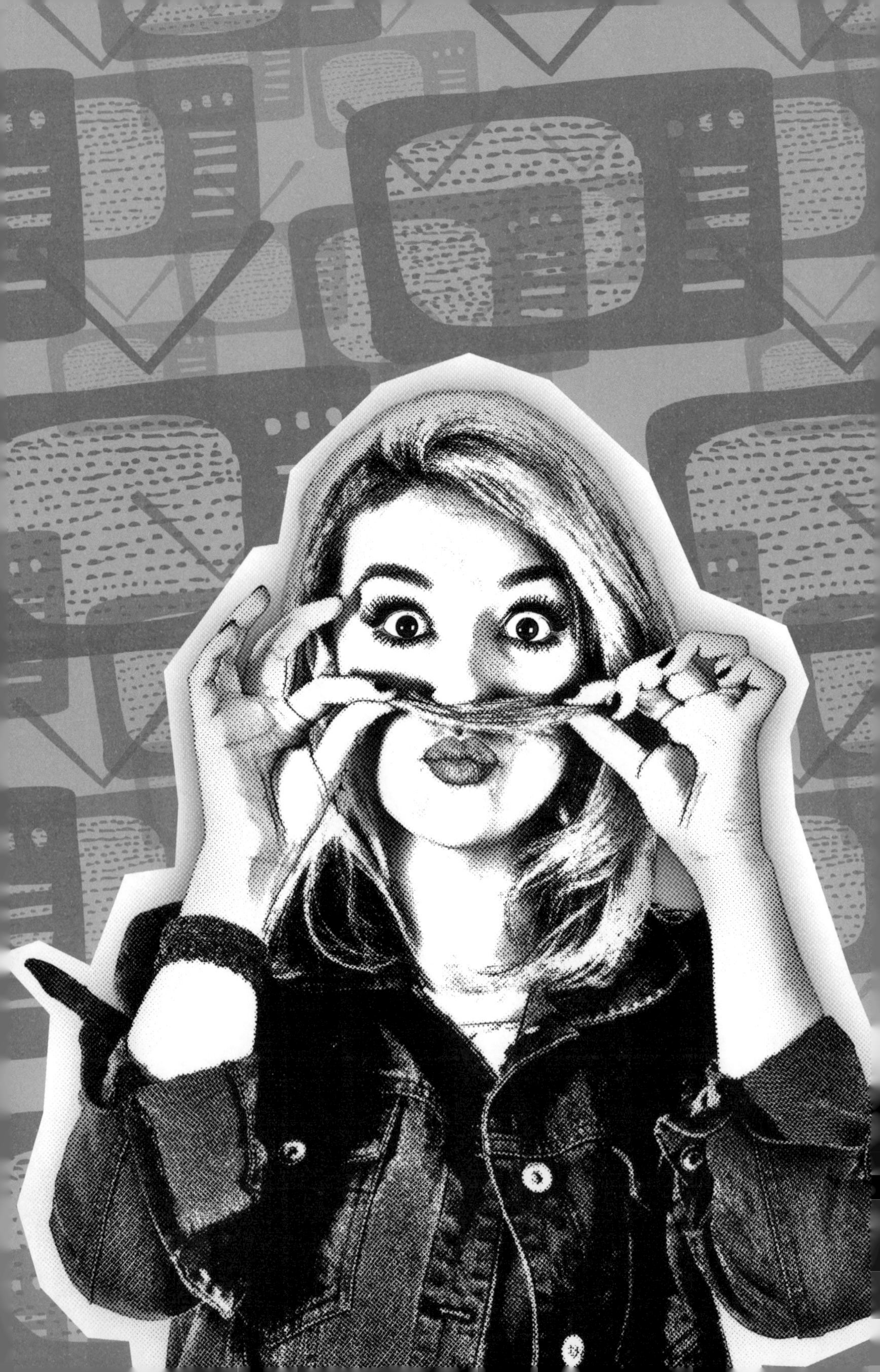

A FALSIANE DA MÍDIA

Na verdade, o que vou falar agora pode não ser um assunto tão proveitoso para a vida pessoal de quem está lendo, mas informação é sempre bom e quero contar a minha visão sobre algo que, de certa maneira, envolve você sim. Então agora vou fazer a âncora do Jornal Nacional, silêncio.

"A mídia é aquela colega que você só conta e revela o necessário, pois sabe que a qualquer momento ela pode te prejudicar."

Vanessa Prado de Souza

Ah, a mídia... Tão amiga por fora, tão falsiane por dentro. Hahaha! Quem já pesquisou um pouco sobre a minha carreira na televisão sabe que eu nunca procurei isso. Nunca tive a intenção de ser apresentadora, muito menos de me tornar conhecida nacionalmente por isso, mas simplesmente aconteceu, Deus quis assim. E lá fui eu, sem entender nada, sem saber onde eu estava me metendo. Mas meus pais nunca me deixaram encarar a fama como um trampolim para riqueza, poder, honra... Aquilo não podia me controlar. Eu que tinha que manter o controle.

Desde os nove anos eu vivo nesse meio, por isso já vi de tudo. Já vi muita gente se corromper, já vi muita gente sendo oprimida pela mídia e perdendo a noção da vida. Graças a Deus, a minha base familiar e minha fé me mantiveram com a mente sã,

Mateus Gomes Ferreira de Araújo

VOCÊ NÃO MANDA EM MIM

e como eu disse anteriormente, entrei no meio artístico já sabendo do propósito de estar ali, eu tinha uma missão e não podia sair desse foco, nada de "deixa a vida me levar, vida leva eu". Isso me ajudou a não sofrer por conta da opressão que a mídia faz em cima da gente, e mantive a minha essência. Tirei muitas conclusões em cima das coisas que eu presenciei. Por exemplo: eu estive oito anos na televisão, terminei meu tempo ali completamente limpa, entende? Não precisei vender meus princípios, não mudei quem eu era, não abri mão do que meus pais me ensinaram, e pude abençoar muita gente ali com o meu testemunho. Muita coisa me foi oferecida, confesso que às vezes as propostas eram bem tentadoras, mas "opa!, pera aí... isso não sou eu, então eu não preciso fazer isso". Ou seja, "mídia, você definitivamente não está no controle, bjs!".

Pessoas não são bonecos. Pessoas públicas ainda são pessoas. Mas a mídia não deixa que a gente veja dessa maneira. Vivo os efeitos disso até hoje, já que mesmo fora da TV, Deus permitiu que minha carreira como cantora crescesse tanto quanto. De repente percebi que toda essa galera famosa não estava sujeita somente àquela pressão do meio artístico de que "você tem que ser o primeiro", "você tem que ser o melhor, o mais poderoso", mas também à pressão do próprio público, também manipulado pela mídia.

É como se fosse uma vitrine e então você está dentro dela e já não é mais considerado uma pessoa normal. Tem que ouvir calado coisas absurdas sobre você. Agora não é visto como alguém que pode se ferir, pois se tornou de ferro. Quanta idiotice... PESSOAS PÚBLICAS AINDA SÃO PESSOAS! Não estou falando sobre isso pra lavar roupa suja nem pra fazer a Maria do Bairro, a drama queen. Mas é porque esse é um mal terrível da sociedade e que está ferindo muita gente, manipulando tudo e todos! Justamente por fazer parte desse meio, eu não posso compactuar com isso. A gente precisa se enxergar com mais igualdade...

A própria internet está aí pra provar. Outro dia eu mudei meu cabelo radicalmente (pra variar) e postei foto no MEU Instagram... Pra quê! Rede social de famoso, casa da mãe Joana. Choviam comentários de opiniões que eu nem tinha pedido. E o pior é que fulano não se contenta em dar a opinião "gostei" ou "não gostei". A pessoa tem que te esculachar, como se ela realmente tivesse parte na sua vida! Hahaha! Eu sempre fico bem de boa com essas coisas, meu querido botão "bloquear este usuário" está aí pra isso. Mas a resposta é sempre a mesma "você é uma pessoa pública, tem que aceitar críticas!" – inclusive você pode estar pensando isso agora mesmo. NÃÃÃO! Eu ainda sou só uma pessoa, sou eu que tomo as decisões sobre aquilo que é meu. Ainda tenho sentimentos, a vida ainda é minha!

Obviamente, quando são críticas construtivas, opiniões que agregam, vindas de pessoas que realmente sabem quem eu sou, elas são sempre muitíssimo bem-vindas. Sem humildade pra ouvir bons conselhos ninguém vai pra frente, e eu acredito muito nisso, mas geralmente o falatório é só opinião sem noção mesmo.

Pensa que coisa mais uÓ uma pessoa entrar no seu perfil do Instagram, clicar numa foto aleatória e ver nos comentários só barraco-casos-de-família, porque se um fala mal, aí vem outro defendendo e começa a treta numa simples foto. Aí eu fico deletando os comentários pra não passar vergonha, pensando *Pessoal,* *eu poderia estar me drogando, roubando, mas só estou tentando postar uma foto sem vocês criarem polêmica COM A PORCARIA DO MEU CABELO* (ou qualquer outra coisa irrelevante que eles criam caso). Tudo é motivo de escândalo, discussões… Cuidar da vida do outro virou hobby, eca! Sério mesmo que existem pessoas que usam o precioso tempo pra isso?

Se você fez ou faz esse tipo de coisa, *para que tá feio.* Claro que esse foi só um exemplo light de como as pessoas ultrapassam limites e se metem onde não foram chamadas, mas tem hora que a galera pega pesado. E aquele lance lá de se colocar no lugar do outro? Não funciona pra pessoas públicas? Tantos casos de famosos que foram para o fundo do poço por conta de atitudes egoístas assim… Amy Winehouse, por exemplo. Assisti o documentário dela e terminei aos prantos! Como a mídia, o público podem ter sido tão cruéis? Eu não culparia somente o álcool e as drogas pela morte dela, culparia também todos aqueles que zombavam da situação em que ela estava, todos aqueles que não respeitavam os problemas dela. Ela ainda era só uma pessoa de carne e osso que precisava de ajuda. Amy não era de ferro. Ninguém é! Nem todo mundo tem cabeça pra lidar com essa opressão ridícula, e com isso muitos perdem o controle. Meu futuro marido (rs), Justin Bieber, também mostrou que sofreu bastante com esse tipo de coisa e escreveu uma música (*I'll Show You*) contando sua versão da história, e eu, quando ouvi, claro que faltei cair pra trás. Na verdade eu caí mesmo.

"Minha vida é um filme
E todo mundo está assistindo
Então vamos para a parte boa
E pular a parte sem sentido

Às vezes é difícil fazer o que é certo
Quando a pressão é como um raio caindo
É como se eles quisessem que eu fosse perfeito
Quando eles nem sabem que eu estou machucado
Porque a vida não é fácil

Não sou feito de aço
Não esqueça que sou humano,
não esqueça que sou real
Age como se me conhecesse, mas você nunca vai"

YEAAHHH, JUSTIN!! Depois dessa, termino por aqui. Palmas!

"Em alguns momentos ela ajuda muito, em outros, serve apenas como incitadora de discursos de ódio e repúdio de muitos. Na maioria dos casos, à mídia julga necessário distorcer alguns assuntos para que haja uma "viralização" da notícia. A mídia deveria ser usada com cautela a fim de informar e não incitar polêmicas gratuitas."

Marcia Mayara Rocha Borges

Estou sim fazendo uma crítica a um problema da sociedade, não pelo fato de eu querer me defender, mas sim porque luto pela verdade e pelo respeito entre pessoas independentemente de quem elas sejam; famosas ou não. Talvez o que estou dizendo aqui não cause nenhum efeito, mas como eu citei no começo deste livro, vamos falar sobre coisas reais. Ser reconhecida é muito bom. Aliás, sempre peço pra Deus permitir que cada vez mais pessoas conheçam aquilo que eu faço para que através disso eu consiga entregar algo (Jesus) que mude a vida delas para melhor. Mas eu sempre penso que, por mais famosa que eu me torne, eu ainda sou uma pessoa comum. Talvez o que eu faço não seja comum, mas estou falando de quem eu sou e não do que eu faço. E isso é o que sempre me esforço para mostrar para o meu público. Estar em palcos, festas, capas de revistas, nada disso importa. Isso não tem significado algum para a vida. Não me faz maior do que ninguém, nem me faz um robô, ou um ET, sei lá... Ainda sou só eu. Por isso minha maior estratégia é fazer com que todos os que acompanham a minha carreira se sintam próximos a mim. Não tem por que eu não mostrar minhas fraquezas, assumir quem eu realmente sou, porque afinal, somos todos pessoas de verdade. Ei, isso aqui é vida real! Não tem coisa melhor do que ser gente como a gente. O que a mídia faz é exatamente o contrário. Ela quer que tanto o artista como o público acreditem que sempre serão distantes um do outro. Pra que essa palhaçada? Deve ter gente até que pensa que famoso não faz cocô! Pelo amor de Deus... A gente tem capacidade, vamos colocar a cabeça pra funcionar. Não precisamos ser manipulados a vida inteira.

Outro efeito engraçado que acontece comigo, é quando a galera surta por me ver pessoalmente. Me puxam pra cá, pra lá, e os seguranças tentando me tirar da muvuca... Eu definitivamente não me dou bem com isso! Eu fico tipo "Ei! Pessoal! Eu conheço vocês, vocês me conhecem, estamos entre amigos". Eu sempre dispenso os seguranças, hahaha! Com eles ao meu redor *eu pareço bem chata*. Porque na real eu não ligo mesmo de ter as pessoas ao meu redor, querendo falar comigo, tirar fotos etc... Eu amo esse contato, gosto de ser acessível, não tem por que eu não ser. E luto pra que todos entendam isso. Somos apenas seres humanos. Eu amo quando recebo mensagens da galera que me acompanha dizendo que assistindo meu Snapchat, por exemplo, eles se sentem próximos a mim como amigos íntimos e isso é incrível! Eu jamais vou colocar um limite na minha sinceridade, na minha verdade. Eu jamais vou deixar de mostrar quem realmente sou só para não ser alvo de falatório de gente que não tem louça pra lavar, entende? E eu sugiro que façam o mesmo, sejam livres! – Claro, sempre tomando cuidado pra não dar mancada com Deus, respeitando a vontade dEle sobre quem Ele quer que sejamos; agradá-Lo é sempre prioridade.

O que quero dizer com tudo isso é que a vida é sobre nos conectarmos uns aos outros, nos relacionarmos, nos respeitarmos, e infelizmente não só as pessoas públicas estão perdendo esse direito por conta de uma mentira que a mídia criou, mas pessoas anônimas também têm sofrido com isso. A igualdade e o amor precisam estar mais vivos entre a gente. Temos tanto a oferecer um para o outro... Temos apenas ofícios diferentes, mas somos bem iguais.

Por que não focar mais no que realmente tem valor e prestar atenção no que há por de trás do conto de fadas? Pessoas nunca serão objetos, por isso nunca as veja dessa maneira. Não valorize só a si mesmo, valorize quem o seu próximo verdadeiramente é. A Bíblia me ensinou algo que eu guardo no meu coração com muuuuito temor: trate as pessoas como quer ser tratado, porque da maneira que você fizer, farão com você; da maneira que você julgar, julgarão você (Mateus 7).

Usei aqui as minhas experiências para escrever, mas este texto não é sobre mim. Estamos falando sobre milhares de pessoas, famosas e anônimas, que sofrem por não serem respeitadas e acabam deixando de ser quem são por conta de uma opressão completamente desnecessária. Até o último dia da história da humanidade, nenhum ser humano vai conseguir atingir a perfeição como pessoa, então não se esqueça que diariamente você terá coisas para melhorar dentro de si mesmo antes de dar palpite na vida do próximo. Por que não sermos mais gentis uns com os outros? Por enquanto a crise não chegou na gentileza, então aproveita que ela ainda é de graça e use-a!

E mais uma vez, a culpa é dos rótulos. Já disse que odeio isso hoje!? rs
Priscilla ALCANTARA PLAYSTATION SOUP
Priscilla ALCANTARA BOM DIA & CIA SOUP
Priscilla ALCANTARA TATUAGEM SOUP
Priscilla ALCANTARA CABELOS SOUP
Priscilla ALCANTARA GOSPEL SOUP
Priscilla ALCANTARA FAMOSA SOUP
Priscilla ALCANTARA PLAYSTATION SOUP
Priscilla ALCANTARA RICA SOUP
Priscilla ALCANTARA PLAYSTATION SOUP
Priscilla ALCANTARA GOSPEL SOUP
Priscilla ALCANTARA BOM DIA & CIA SOUP
Priscilla ALCANTARA TATUAGEM SOUP
Priscilla ALCANTARA FAMOSA SOUP
Priscilla ALCANTARA
Priscilla ALCANTARA FAMOSA SOUP
Priscilla ALCANTARA PLAYSTATION SOUP
Priscilla ALCANTARA GOSPEL SOUP
Priscilla ALCANTARA BOM DIA & CIA SOUP
Priscilla ALCANTARA TATUAGEM SOUP
Priscilla ALCANTARA RICA SOUP
Priscilla ALCANTARA BOM DIA & CIA SOUP
Priscilla ALCANTARA FAMOSA SOUP
Priscilla ALCANTARA PLAYSTATION SOUP
Priscilla ALCANTARA GOSPEL SOUP
Priscilla ALCANTARA BOM DIA & CIA SOUP
Priscilla ALCANTARA TATUAGEM SOUP
Priscilla ALCANTARA RICA SOUP
Priscilla ALCANTARA
Priscilla ALCANTARA BOM DIA & CIA
Priscilla ALCANTARA FAMOSA
Priscilla ALCANTARA PLAYSTATION
Priscilla ALCANTARA GOSPEL
Priscilla ALCANTARA BOM DIA & CIA
Priscilla ALCANTARA TATUAGEM
Priscilla ALCANTARA RICA

Vamos fazer um capítulo diferente com uns assuntos mais pessoais que não renderiam taaantas páginas para completar um capítulo inteiro, mas que seriam legais de compartilhar com vocês.

UNS TEMAS AÍ QUE ME DERAM NA TELHA

> Graças a Deus, dei o título de "O Livro de TUDO", então estamos liberados para fazer isso!

Você nunca namorou?
Mas nem um namo-radinho?
HARING MORE THAN A FACEBOOK
HARING FACEBOOK
Não acredito. Mas você é tão bonita...
Vou orar por você e pedir ao Senhor que pre-pare um varão.

20 ANOS E NENHUM CHUSH!?

Vinte anos e vários crushes, porém parou por aí mesmo, nada de namoro na minha vida, por enquanto. Pra muita gente essa é só uma atitude careta, mas eu escolhi não colocar meu coração em jogo ou na mão de algum babaca que não cuidaria bem dele. Vejo tanta gente que se envolve com pessoas que mal conhecem simplesmente pra se satisfazerem no momento, mas depois se machucam, aí vira aquela novela... Eu realmente prefiro não passar por isso, me dá até preguiça. Acredito que temos que nos valorizar. Não sou um objeto para ser usado, acredito em amor verdadeiro, e espero por ele (e pelas respostas de vocês no concurso cultural, eu não estou sozinha nessa!). Parece discurso da época da minha bisavó, mas tem coisas que o tempo não muda, uma delas é o valor de um verdadeiro amor.

Existe alguém que foi feito pra mim, alguém que foi feito pra você. Se eu ficar testando vários boys pra ver qual é aquele que foi feito pra mim, vou estar furando o olho de várias meninas! Falsiane nível *hard*. Então eu prefiro esperar até encontrar a pessoa certa e então ter o que é meu. Teoria um pouco estranha, mas sério, faz sentido.

Também acredito que o namoro é a preparação para o casamento. Pode ser que o namoro dê errado, mas por isso é tão importante iniciar um relacionamento com alguém que você tenha certeza de que dará certo, fazendo de tudo para que isso aconteça. Isso pode evitar desgastes, frustrações... E não vem dar um de fortão/fortona, porque não rola. Sentimento é algo com que não se brinca e quando dá ruim, até o mais ogro sente a pancada. E por eu ter tantas coisas pra fazer, tantos objetivos na vida, eu não deixo brecha para a minha carne ficar me enchendo o saco querendo alguém. Meu coração sempre responde: tudo na hora certa. Então viva cada coisa em seu tempo!

Você não vai ficar pra titio/titia. Não precisa de desespero, você vale muito pra cair nas mãos da pessoa errada e tem valor suficiente para aguardar a pessoa certa. Esse tipo de posicionamento não te faz menos homem ou menos mulher, muito pelo contrário. Tem que ser MUITO homem, MUITO mulher pra guardar o coração e colocar isso acima de satisfazer a própria carne. E outra, Deus tá aí pra auxiliar a gente o tempo todo, querendo sempre o melhor pra nós, então peça a Ele que te leve até o que foi preparado pra você. Dá certo! E como dizia minha avó: sossega o facho!

Olha como vocês são fofos! <3

"Como não existiria um amor verdadeiro? A existência humana teria valor irrisório caso assim fosse. Amar e ser amado tem fundamento Divino, viemos para propagar o amor e suas diversas formas. Portanto, todo tempo de espera será grandemente valioso."
Leila Camila Lima Rodrigues

"Há tempo pra tudo! Plantar e colher, perdoar, amar e esperar. Esperar o tempo de Deus é ter certeza de que jamais vamos nos arrepender; é ter a certeza de que nunca teremos incertezas futuras. Ter calma na alma e confiança de um futuro certo."
Naiara Lúcia Medeiros Monteiro

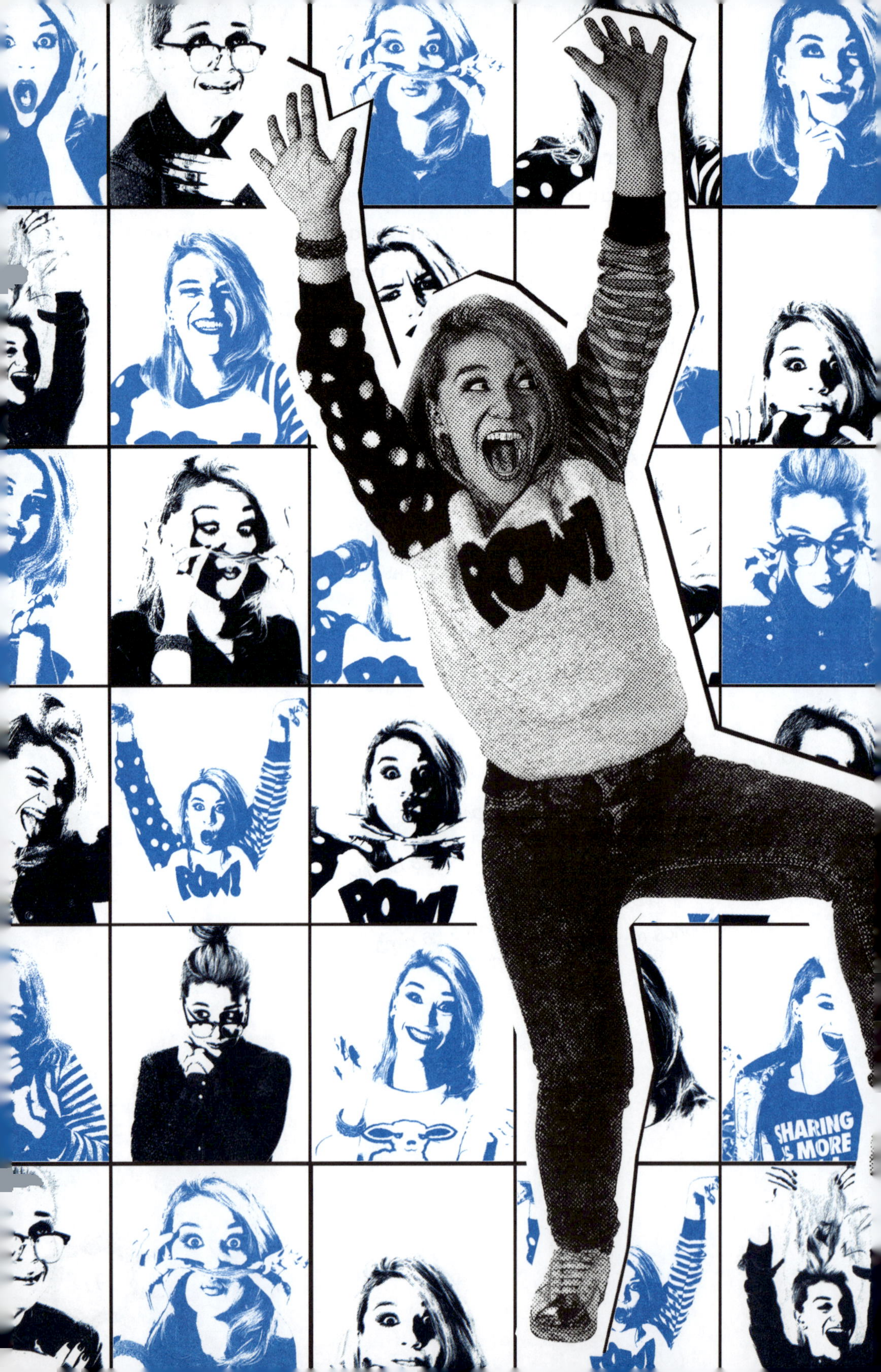
POW!
SHARING IS MORE

O "VLOG DE TUDO"!!

Bom, vamos falar desse meu canal do YouTube que, coincidentemente, tem o mesmo nome do livro, porque eu sou muito criativa mesmo. Ah, esse Vlog de Tudo... **Acabou com a minha dignidade!** Brincadeira! Na verdade, foi uma das coisas mais legais que já me aconteceram. A ideia de criar um canal de humor veio de um jeito bem inusitado, já que eu nunca fiz nada como atriz, muito menos tive envolvimento com a comédia. Pelo meu Snapchat eu costumava mostrar mais a minha realidade de vida, os meus momentos de descontração e passei a interagir com os meus seguidores do mesmo jeito que eu fazia com meus amigos pessoais. Eu falava sobre as coisas de um jeito engraçado, fazia palhaçada... Porque sou exatamente assim na vida real, então eu queria que as pessoas pudessem ver isso e me conhecer dessa maneira. Mas eu não tinha a intenção de *"Ah, vou incorporar o Bozo e virar youtuber"*, jamais.

Os fãs começaram então a sugerir que eu criasse um canal, e como eles estavam gostando daquela interação maluca pelo Snapchat, eu pensei em fazer algo parecido, mas que fosse mais abrangente e não desaparecesse depois de 24 horas.

Perguntei pra Deus o que Ele achava e a resposta foi clara. Eu devia sim fazer aquilo. Quem me deu a alegria? O humor? O próprio Deus. Eu queria mostrar que pra gerar risos não é necessário apelar, falar besteiras, coisas que nem todos se sentem confortáveis ouvindo... Eu queria transmitir uma alegria vinda de algo puro, limpo, que fosse pra todos. E então surgiu o Vlog de Tudo, falando de tudo de um jeito engraçado.

Logo que o canal começou, foi um sucesso. Até comecei a receber comentários de pessoas que tinham depressão, e diziam que ao assistirem aos vídeos, receberam de volta a alegria. Tem noção!? Enfim. O canal só cresce desde que comecei a fazer os vídeos e foi uma maneira de eu voltar a entreter as pessoas assim como eu fazia na televisão, mas de um jeito muito mais a ver comigo. Amo me comunicar e os quase 10 anos de carreira como apresentadora me fizeram ser apaixonada por isso. Com o vlog também descobri que eu gosto de atuar e talvez possa levar isso a sério. Aprendi a criar, roteirizar, editar... – Todos os vídeos eu produzo sozinha. Não porque sou fominha, mas porque gosto de pôr a mão na massa e deixar tudo com a minha cara. Hoje o YouTube se tornou uma empresa, então o Vlog de Tudo é mais um trabalho que faço, mas como um plus na minha carreira, já que *a prioridade continua sendo a música*. Foi algo que me abriu muitas portas, me permitiu atingir pessoas de diferentes públicos, e compartilhar um dos maiores presentes que Jesus me dá todos os dias: *a alegria*.

Cenas do "Vlog de Tudo"

MP4
JOGO DE CARTAS
PLAYSTATION
MELOCOTON
COMPUTADOR
BICICLETA
JOGO DA VIDA
MAX STEEL
SUSI
CELULAR
BONECA BEBÊ
R$ 1.000,00
PATINS
BANCO

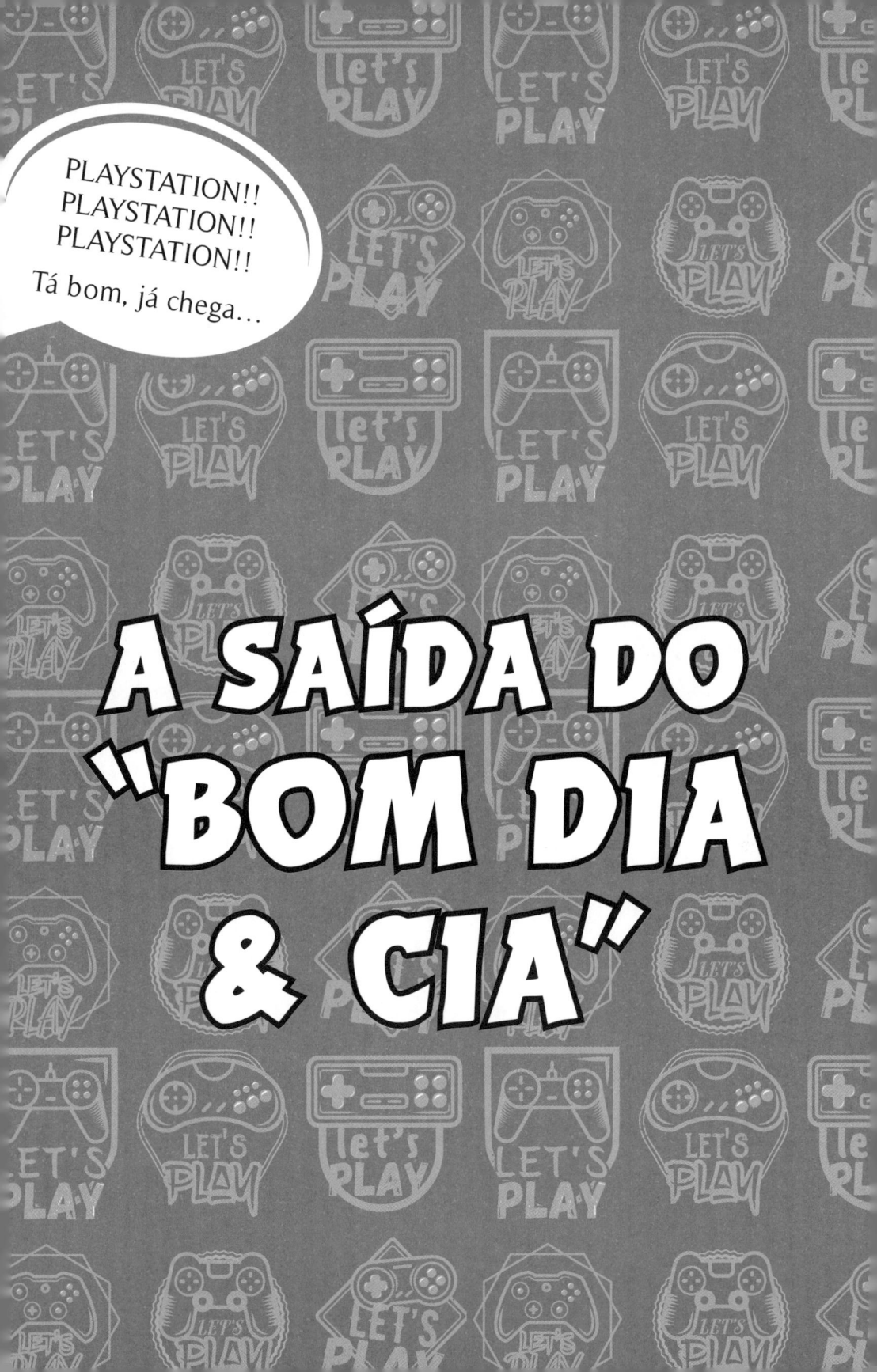

> PLAYSTATION!!
> PLAYSTATION!!
> PLAYSTATION!!
> Tá bom, já chega…

A SAÍDA DO "BOM DIA & CIA"

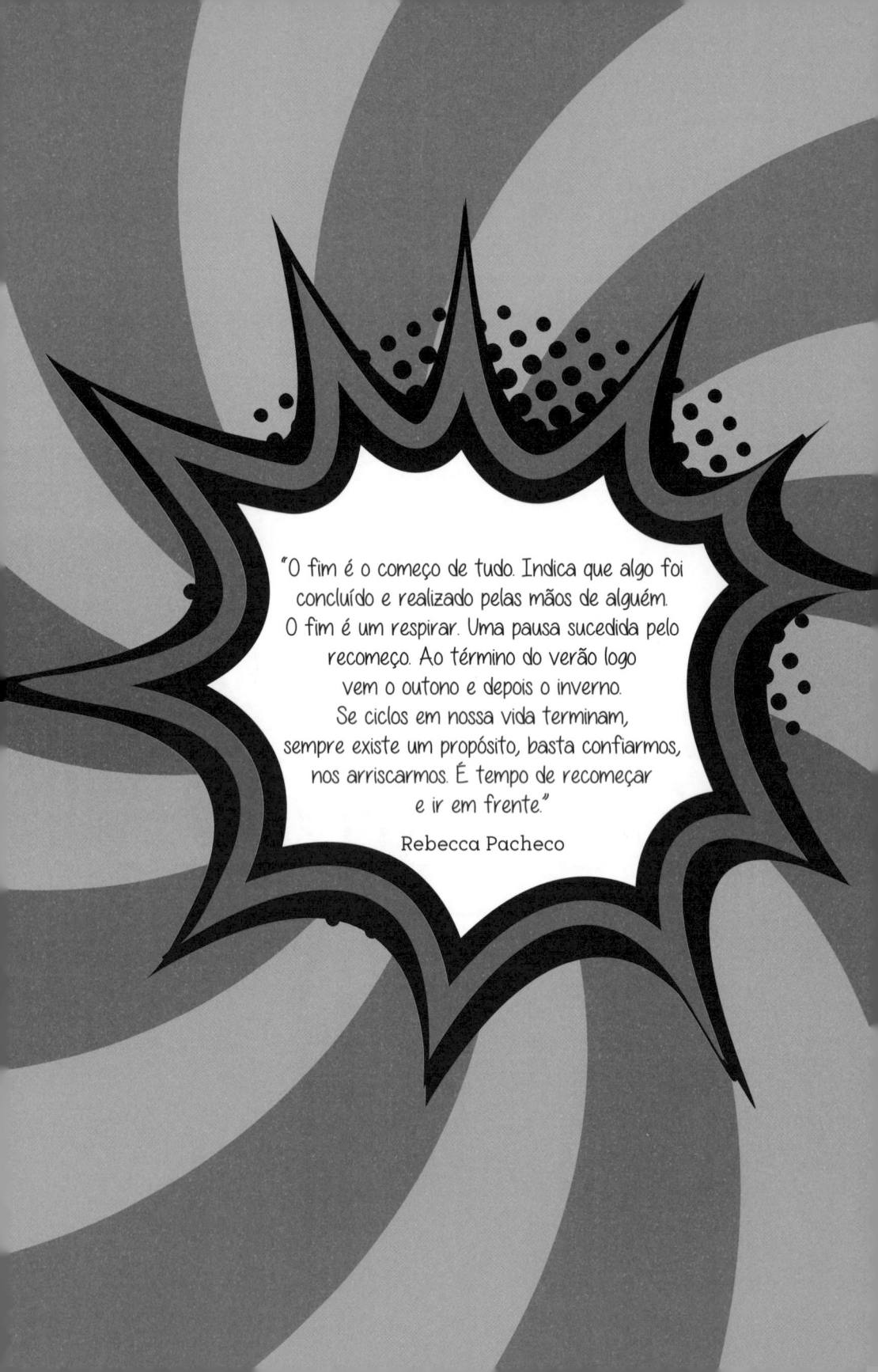

"O fim é o começo de tudo. Indica que algo foi concluído e realizado pelas mãos de alguém. O fim é um respirar. Uma pausa sucedida pelo recomeço. Ao término do verão logo vem o outono e depois o inverno. Se ciclos em nossa vida terminam, sempre existe um propósito, basta confiarmos, nos arriscarmos. É tempo de recomeçar e ir em frente."

Rebecca Pacheco

Humm... Se não me falha a memória, deixei a televisão em 2012 e foi bem de repente. Aliás, acho que nunca contei essa história publicamente...

Por eu ter ficado quase 10 anos trabalhando como apresentadora e minha vida ter girado em torno daquilo por tanto tempo, eu poderia ter surtado com a minha saída. Isso não aconteceu porque, graças a Deus, meus pais sempre me instruíram para que eu entendesse que um trabalho poderia não ser pra sempre, e eu corria risco de ter que deixar de fazer aquilo do dia pra noite, que foi o que aconteceu.

Eu estava fuçando a internet, quando vi uma notícia dizendo que eu seria dispensada do Bom Dia & Cia. Entrei em choque. "Como assim? Deve ser só mais uma especulação de jornalistas...". Estava tudo bem, aparentemente não havia motivos para isso acontecer, mas acabou que Deus me disse que o que eu tinha acabado de ler, era verdade. No dia seguinte fui cumprir meu último dia de trabalho, meio que fingindo não saber de nada, esperando me contarem, já que até então eu só tinha lido uma notícia na internet. Sabe aquele clima sem graça de quando todo mundo sabe o que esta acontecendo, mas ninguém toca no assunto? O estúdio estava assim, pois éramos como uma família.

No final do programa, a direção me chamou para contar a novidade que pra mim já não era novidade desde a noite anterior. Encerrei um ciclo. Eu sabia que estava prestes a começar um novo, mesmo não tendo a mínima ideia de quando, onde nem como. Mas eu precisava confiar que Deus estava no controle e que, mesmo sem eu entender, aquilo estava acontecendo por um propósito maior.

A partir daí, comecei uma guerra comigo mesma. Eu queria a vontade de Deus, mas eu estava me sentindo sem rumo! Eu não tinha um plano B, pois era completamente confortável onde eu estava. Opa! Eu estava confortável... Era isso. Eu estava confortável, achando que era só aquilo, mas havia mais passos a serem dados, mais coisas para acontecer. E para eu enxergar isso, Deus precisou fazer algumas alterações e me tirar da zona de conforto. Mas eu não entendi isso de imediato. Até eu compreender, tentei voltar para a televisão por outros meios. Produzi um programa independente que seria transmitido por um canal da TV aberta e ele estava completamente pronto, gravado, tudo certo! Porém, uma semana antes da estreia, eu estava em um culto e a pregação foi sobre entregar algo que Deus te pede. Comecei a orar e tive a tamanha audácia de falar pra Deus: "Poxa, Pai, acho que eu não tenho mais o que Te entregar; já coloquei tudo no seu controle". SABE DE NAAAADA, INOCENTE!

Em velocidade SEDEX, Deus respondeu "Tem certeza? Não tem mais nada que precise Me entregar mesmo?". Caraca, na hora me veio o meu programa na cabeça. Pensei "Não é possível, Deus! Já está tudo pronto, deu tudo tão certo, daqui uma semana já vai ao ar!". Pensei mais um pouquinho e cheguei numa conclusão: quem sou eu para achar que sei o que é melhor? Eu nem esperei ouvir de Deus qual seria o próximo passo, o próximo ciclo. Decidi sozinha insistir em algo que não era mais para aquele momento. Se Ele havia me tirado da televisão, por que eu estava fazendo de tudo para permanecer nela? Como eu disse, eu não tinha plano B, não sabia o que fazer além da televisão, por isso rolou esse desespero. Naquele momento eu tinha duas opções: escolher a minha vontade, ou a vontade dEle. Óbvio que escolhi a dEle, mesmo sem saber exatamente o que era. Só sei que durante a semana que seria a estreia, aconteceram mil coisas; de "tudo certo" passou pra "tudo errado" e o programa simplesmente não foi ao ar e o projeto morreu. Sério, não sei mesmo como isso aconteceu até hoje. Bizarro. Então eu entendi que tudo o que Deus queria de mim, era que eu confiasse nEle. Eu não tinha mesmo que ter plano B. O único plano tem que ser cumprir o que Ele planejou pra mim. Fé é a certeza das coisas que NÃO podemos enxergar, e tudo o que Deus quer de nós quando nos coloca em situações difíceis é uma prova de que confiamos nEle acima de tudo. Ele nunca erra. Enfim eu sosseguei. Orava o tempo todo pedindo apenas que a vontade dEle fosse feita. Eu não precisava entender nada. Foi aí que novas coisas começaram a acontecer.

Eu sempre mantive minha carreira como cantora paralela a de apresentadora, mas nunca minhas músicas tiveram muita notoriedade porque a televisão estava como primeiro plano. O meu primeiro sonho, desde pirralha, como já contei no começo do livro, sempre foi cantar, só que eu havia meio que esquecido disso. Mas ainda haviam propósitos que precisavam ser cumpridos e chegou o momento. Depois de um longo tempo de espera, apenas confiando e sem saber sobre o dia de amanhã, lancei um vídeo na internet de uma música inédita minha (*Espírito Santo*), e fui convidada para uma entrevista no *The Noite* (programa do Danilo Gentilli) e cantei ao vivo essa mesma canção.

Do nada o negócio explodiu! As mesmas pessoas que me acompanhavam na televisão começaram a me acompanhar na música. Em seguida lancei outros *singles*, e os shows que não eram muito frequentes começaram a rolar sempre. Pessoas cantando minhas músicas... *Wow!*, pensei. Foi tão rápido! E como hoje tudo faz sentido... Por isso vale a pena persistir e não questionar. Lá na frente a gente entende os porquês.

Enfim. Foi um período de amadurecimento, onde aprendi a ouvir melhor a voz de Deus e pude conhecer mais a mim mesma. Aprendi que a vida é um conjunto de ciclos, e precisamos saber identificá-los, seu começo, seu fim e viver cada um conforme o tempo determinado. Cada ciclo tem sua importância e o anterior será sempre uma ponte para o próximo. Por isso é necessário não pular nenhum deles. Hoje vejo que a televisão foi o que me levou a ser conhecida nacionalmente, mas foi através da música que eu pude entregar às pessoas o que eu realmente tinha pra dar. Aí hoje estou aqui, *viviendo la vida loka*, mas sabendo que a qualquer momento Deus pode bagunçar tudo de novo. Concordo, Deus. Tudo muito quieto é chato. Com emoção é sempre mais legal.

"A cada ciclo que se encerra, uma nova possibilidade se inicia. É necessário acreditar sempre que, a cada fim, existe um novo recomeço cheio de experiências e crescimento intrínseco. É preciso, é saudável, é gratificante. Só precisamos nos permitir."

Bianca de Oliveira Carvalho

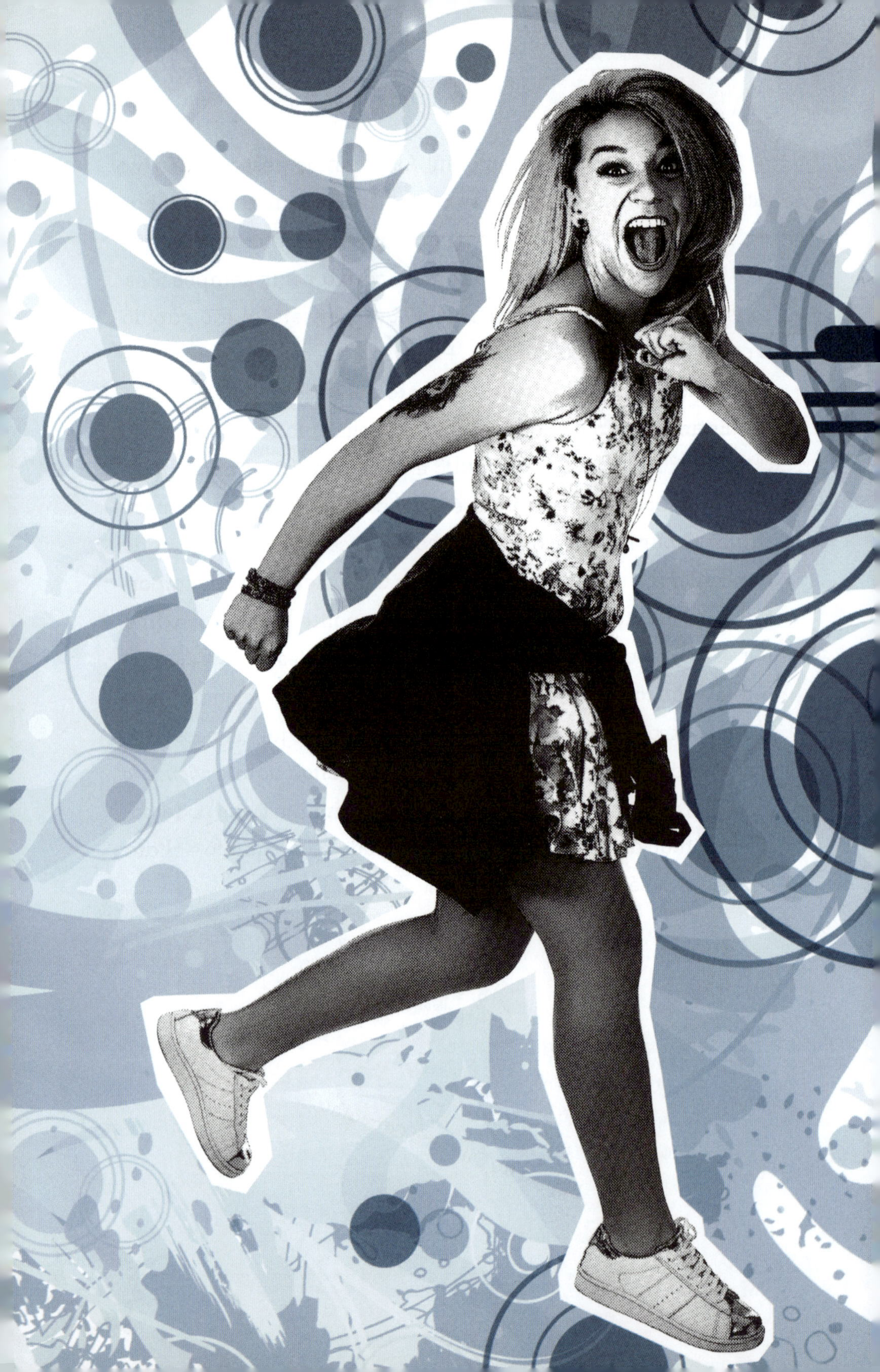

#JESUSLIFE STYLE

NOTA DO EDITOR!!

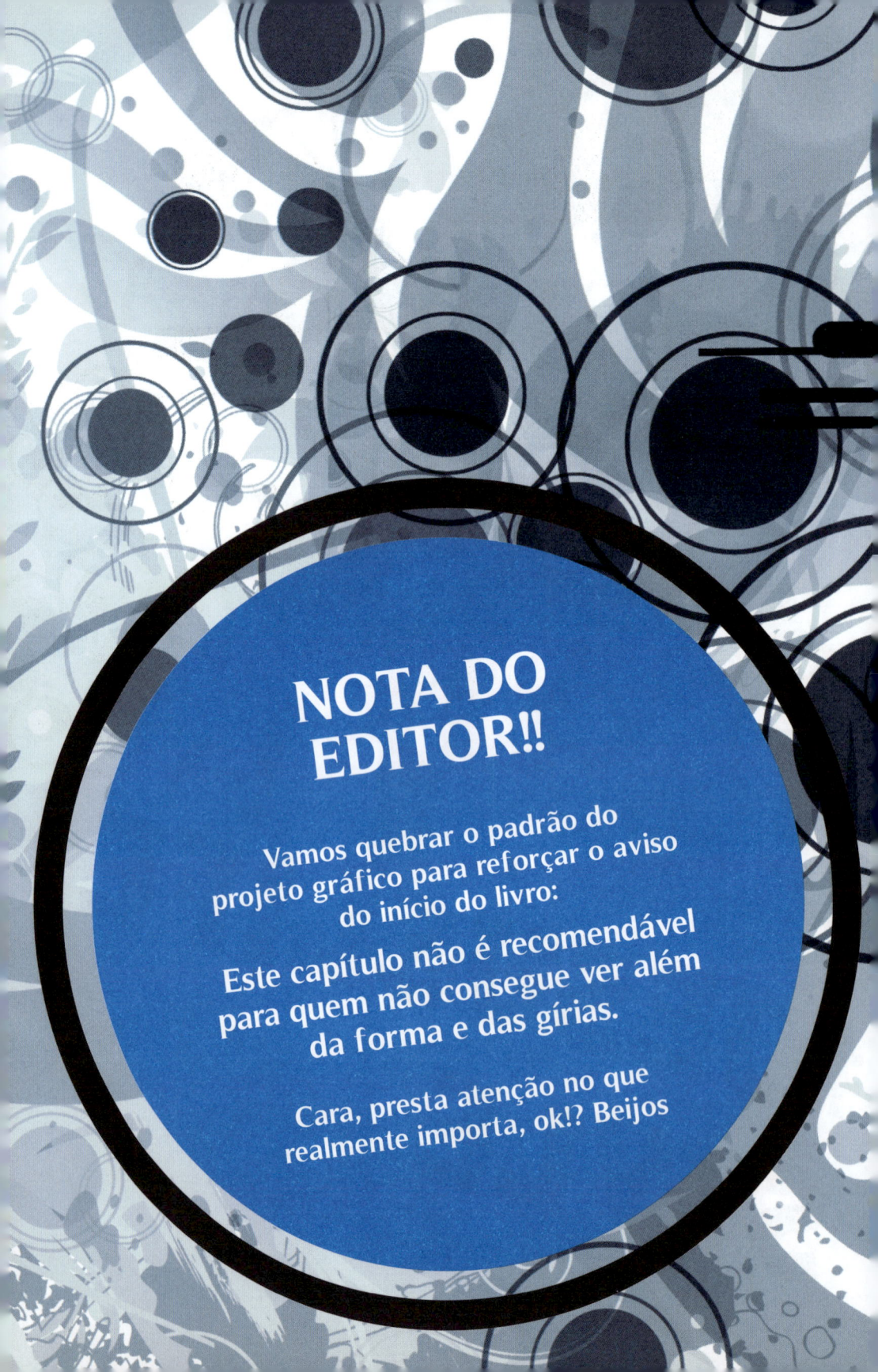

Vamos quebrar o padrão do projeto gráfico para reforçar o aviso do início do livro:

Este capítulo não é recomendável para quem não consegue ver além da forma e das gírias.

Cara, presta atenção no que realmente importa, ok!? Beijos

#JesusLifeStyle... Sempre uso essa hashtag pelas minhas redes sociais. Mas o que significa exatamente? O que seria um estilo de vida cristão? Simples: andar como Jesus andou aqui na terra.

Digo que o cristianismo é um estilo de vida porque, pra andar exatamente como Jesus andou, você precisa fazer certas escolhas diárias, ter atitudes características de Jesus. Você precisa fazer o que seria a cara dEle fazer! Como Ele levava a vida, eu levo, e o meu jeito de levar a vida vai dizer para as pessoas quem eu sou: um discípulo de Jesus.

Eu entendo dessa maneira: Jesus não é uma religião, Ele é alguém que viveu me dando exemplo de quem eu devo ser. Sendo uma pessoa, Ele também me ensinou que crer nEle não me leva apenas a cumprir rituais, mas ter uma vida em que cada segundo é sobre Ele. Não é sobre colocá-Lo em primeiro lugar na minha listinha de prioridades. **ELE É A LISTA!!**

Mas e na prática? Como isso funciona? Bem simples. Geral colando na hora da prova, e você, seguidor de Cristo? Estuda e tira a nota pelo próprio mérito. Geral fazendo fofoca de fulano, e você, seguidor de Cristo? Bico fechado, você não sabe nem se aquilo que estão falando é verdade. E por aí vai… *O que te define como um cristão* são as escolhas que você faz. Na verdade, você nem se baseia mais pelo o que o seu "eu" quer. Quando se segue Jesus, o pensamento não é mais sobre você, mas sobre Ele. Eu escolho o que Ele escolheria porque o meu propósito é manifestá-Lo e representá-Lo. Basicamente é isso.

Um dia eu vivi algo *beeem bizarro de incrível* com uns amigos. Estávamos numa casa de praia, todos juntos. Mas tem um problema quando muitos malucos por Jesus se juntam por um final de semana inteiro: a gente não se aguenta e faz loucuras por Ele. Não dáaaa! Manifestar o nosso estilo de vida é mais forte do que a gente! Sabe aqueles caras fitness que, não importa em que lugar do mundo estejam, se veem uma academia, correm para lá para puxar uns pesos? Somos nós na vida, só que por Jesus. Não podemos ver uma oportunidade de pregar e deixar passar batido. E o que fizemos quando descobrimos que naquela noite de sábado iria acontecer um super lual na praia, onde vários jovens estariam usando drogas, bebendo etc.? *"ACHAMOS O ROLÊ DE HOJE!"*.

Calma. A gente não ia curtir o rolê como eles. Íamos para o mesmo lual, mas curtindo aquele lugar de outro jeito. Sem droga, sem bebida, mas com Jesus. Claro que não ia parar aí. Em poucos minutos estaríamos num lugar perfeito pra falar dEle. E fomos! Chegamos todos juntos, Jesus bem do nosso ladinho, tocando violão, fazendo a maior farra da vida com a gente. Quem olhava de longe poderia até falar que não estávamos sóbrios. Mas de perto qualquer um percebe que o efeito do álcool não se compara ao efeito de Jesus. Começamos tocando um Charlie Brown no meio do lual pra chamar a atenção da galera. "... Agora eu seeeei exatamente o que fazer; bom recomeçar, poder contar com você...". E a roda começou a ficar cada vez maior. E de repente éramos o centro daquele lual. Quer dizer, Jesus era. Eles nem perceberam, mas logo já estávamos tocando várias músicas que falavam dEle, a mensagem já estava começando a ser pregada sutilmente.

Quando percebemos que já tínhamos ganhado espaço e a confiança das pessoas ali, quando vimos que Jesus já tinha nos dado aquele lual nas mãos, pah! Jesus neles!! Começamos a socializar com a galera. Eu e uma amiga chegamos numa menina e iniciamos a conversa com qualquer assunto, e depois de uns 30 segundos Jesus nos deu uma palavra de conhecimento sobre ela.

– Você acabou de terminar seu relacionamento, né?

– Como você sabe!!? – Lê-se: cara de pânico.

– Não sabemos. Acabamos de te conhecer. Mas é que Jesus tá aqui ao nosso lado e acabou de contar isso pra gente porque Ele tá a fim de cuidar de você. – Silêncio mortal e a cara de choque da menina.

E Jesus começou a nos contar mais sobre ela. Tudo batia certinho. Ela até ficou com medo e quis sair correndo. Hahaha! Mas continuamos a conversa e ministramos na vida dela por alguns minutos, repassando tudo o que Jesus nos dizia. No final, oramos com aquela menina (no meio do furdunço do lual mesmo), que com certeza já estava cheia do Amor, depois de tantas palavras vindas dEle.

— A gente pode orar com você?

— Sim.

— Eu posso te provar que Jesus tá aqui e que foi Ele que disse tudo isso agora. Quer sentir?

— Sim. — Ela ria de boba, sem acreditar naquilo tudo. Aliás, qual deles podia imaginar que Jesus escolheria aquele dia e aquele lugar para encontrá-los?

Segurei as duas mãos dela.

— Espírito Santo, mostra que você tá aqui agora. — E Ele tocou as nossas mãos. — Tá sentindo?

— SIM! — Jesus metendo o louco parte um.

— Mais, Espírito Santo.

— O que é isso que eu tô sentindo? Tá queimando tudo aqui dentro! — Jesus metendo o louco parte dois.

— Mais, Espírito Santo. — E a cada vez que pedia por mais, Ele se fazia mais intenso e palpável, e tudo o que eu via era a cara de choque da menina, porque a cada vez sentia Ele mais forte na própria pele.

Sim, Ele estava lá e todos puderam senti-Lo. Sim, Deus se fez presente num lugar cheio das piores coisas do mundo, mas cheio das melhores pessoas do mundo para Ele: Seus filhos, sem se importar se eles O reconheciam como Pai. Ele encheu aquele lugar, tirando das mãos daqueles jovens copos de bebidas, drogas, e colocando no lugar a cura, a esperança, a paz e o amor. E tudo isso através de outros jovens que decidiram manifestar o seu estilo de vida: fazer o que Jesus faria.

Ficamos ali por alguns minutos, pregando para o maior número de pessoas possível. Moral da história? Mais de vinte pessoas aceitaram Jesus através de provas reais do Amor dEle por elas, não por convencimento das nossas palavras. **PEGA ESSA!** Quer estilo de vida mais emocionante que esse? Na boa, vai passar a vida inteira procurando e não vai achar. Ah! Falamos de Jesus até para o cara que estava vendendo as drogas no lual! Hahaha! Jesus metendo o louco parte mil! Quando estávamos indo embora, ouvimos comentários do tipo "Cara, frequento o lual há tempos e nunca foi tão legal quanto este!". Sim, galerinha, quando Jesus entra na parada é oooutra história mesmo.

Todo dia é dia, toda hora é hora. Considerar que o cristianismo também é um estilo de vida torna o Evangelho algo para ser vivido e não simplesmente falado. Deu pra sacar como funciona, né? Resumindo: é só enfiar *Jesus no meio de tudo*.

Sem balãozinho. Só a cara de surpresa!

SEM O TEMA PARA FAZER SUSPENSE...

OK. Quebramos o padrão de novo e não vamos colocar uma frase bonitinha aqui.
Eu já sabia o tema vencedor antes mesmo de lançar a enquete. A gente tá muito sintonizado!
A cara de surpresa na abertura do capítulo foi só porque a gente gostou dessa foto!

Chegamos ao último e mais aguardado (por mim) capítulo! Durante a produção do livro, fizemos uma enquete pelas redes sociais, perguntando sobre qual tema vocês gostariam que eu escrevesse.

    Eu & a música
    Eu & a fama
    Eu & Deus

E o tema vencedor foi… Tcharaaaammm… **EU & DEUS!!** – Ok, tentei fazer um suspense, mas acabei de me lembrar que o tema escolhido já estava no sumário, então você provavelmente já sabia antes de começar a ler o livro.

Nem preciso dizer o quanto fiquei feliz por ter a oportunidade de falar especificamente sobre o meu assunto favorito, né? Tenho tantas coisas pra falar sobre Deus que nem sei por onde começar. É difícil falar sobre alguém que é tão Grande, tão além de tudo o que vemos ou pensamos... Mas posso começar dizendo o quanto eu O amo. **DEUS, EU TE AMO, SEU LINDO!** – Sim, isso foi um grito, fique à vontade para gritar se você também O ama.

Como a maioria já sabe, eu nasci num lar cristão. Sempre frequentei a igreja com meus pais e com dois anos de idade já até cantava nos cultos, ou seja, comecei a ser uma "participante" desde pequena.

Quando não me deixavam cantar, ah, eu fazia um barraco na hora! Chorava, me sentia "a injustiçada", hahaha! Eu amava orar, amava deixar bem claro a todos que eu cria nEle... Mas o fato de eu conhecer a palavra de Deus desde muito cedo ainda não tinha me levado a ter um verdadeiro encontro com Ele. Parece difícil de entender, mas vamos lá.

Eu sempre O enxerguei como uma pessoa, como alguém e não como uma teoria, um amuleto etc. Por esse e outros motivos eu nunca rotulei Jesus como uma religião ou alguma "vibe". Eu sentia que não era exatamente isso. Eu sabia que não era só sobre frequentar os cultos aos domingos, ler três ou quatro versículos da Bíblia antes de dormir... Não era sobre rituais. Se Jesus era alguém e não algo, significava que eu podia ter um relacionamento com Ele, como uma conexão verdadeira e direta entre duas pessoas. E eu estava certa! Passei a me atentar sobre isso, porque quando a gente "nasce dentro da igreja", com o passar dos anos podemos facilmente entrar numa zona de conforto, que foi onde eu me encontrei quando despertei para o fato de que Jesus era muito mais do que aquilo que eu estava vivendo. Ele tinha muito mais a me mostrar. Eu só precisava ir até Ele e dizer: *"eu quero Te conhecer"*.

Cara, foi nesse dia que minha vida se dividiu em antes e depois. Eu estava agindo com Deus de uma forma mecânica e isso já não estava me satisfazendo mais. Era quase sempre a mesma oração antes de dormir, lia a Bíblia, CASO eu vencesse a preguiça, ia aos cultos, mas sempre voltava para casa sentindo falta de algo a mais. Então eu descobri que o que estava me faltando era intimidade com Deus. VRAAAU!! A partir daí, comecei uma busca muito doida. *Tão doida que me deixou doida!* – No bom sentido da palavra, se é que me entende. Larguei tudo o que eu estava acostumada a fazer, abri mão daquele mecanismo sem sentido e passei a correr atrás da pessoa de Jesus. Meu relacionamento com Ele estava em um nível muito raso, eu queria ir mais profundo e sei que isso era tudo o que Ele mais queria também. Eu não queria mais ter Jesus como um simples conhecido meu. Eu estava disposta a fazer tudo para ser AMIGA dEle. E isso funcionaria exatamente como aqui na terra. Você convive com muitas pessoas diariamente, certo? Você se relaciona com pessoas o dia inteiro, seja no trabalho, na escola, em qualquer lugar. Fala "oi", "tchau", pergunta se está tudo bem, conta uma novidade ou outra… Mas dentre todas essas pessoas que você se relaciona no seu dia a dia, existem algumas mais chegadas com quem você não tem só um bom relacionamento, mas tem intimidade. E com a pessoa que você tem intimidade, você não fica só no "oi, tchau, como vai"… Você conta tudo, conversa sobre tudo, compartilha segredos, recebe conselhos… E é justamente essa pessoa que Jesus quer ser na nossa vida! Ele quer ocupar o lugar de melhor Amigo. Simples.

Quando me dei conta disso, comecei a correr atrás do prejuízo. Quanto tempo eu havia perdido? Sei lá, mas eu não queria perder mais um segundo. Comecei a frequentar alguns cultos de jovens, onde tinha uma galera suuuuper BFF de Deus e eu sempre os ouvia dizendo "Meu, ontem Deus me disse isso, aquilo…", "Cara, ontem ouvi Jesus me dizendo tal coisa!", e eu tipo, com vários pontos de interrogação na testa. Eu ficava encantada, porém encafifada com aquilo. *Comé que ouve a voz de Deus assim, toda hora?* Eu não entendia muito bem como isso funcionava, mas a única coisa que passava pela minha cabeça era "PRECISO DISSO AGORA!!". A cada dia então eu fazia Deus ser alguém tão real na minha vida quanto as pessoas que moravam comigo em casa. Eu usei a lógica. Exemplo: para eu me tornar melhor amiga da minha melhor amiga, eu levei tempo até a gente se conhecer bem e ganhar a confiança uma da outra gradativamente, conforme o nosso convívio. *Com Deus deve ser a mesma coisa*, pensei. Se eu quero ser amiga dEle, preciso passar tempo com Ele. E funcionou. Isso prova o quanto Deus é real MESMO!

Comecei a me dedicar mais no meu relacionamento diário com Ele. Eu não fazia mais aquelas orações mecânicas antes de dormir. Agora eu sentava e conversava com Ele por horas. Não lia mais só alguns versículos pra não ter pesadelo; agora eu estudava a Bíblia com o próprio Jesus ao meu lado, me levando a conhecer os mistérios da Palavra e passei ter fome disso. Mas eu ainda queria ouvir Sua voz. Queria saber como era essa parada. Então eu continuei buscando intimidade, porque eu sabia que ia chegar um momento em que eu O reconheceria em qualquer lugar. A cada momento que eu passava com Deus, tinha mais certeza de que tudo o que Ele mais queria de mim era um relacionamento profundo de amizade. Aliás, ainda é o que Ele quer com todos nós.

Dias, meses se passaram e finalmente eu podia dizer para as pessoas que ouvia Deus falar comigo. Toda vez que eu me trancava no meu quarto para buscá-Lo era como se houvesse uma troca entre eu e Ele. Toda vez que eu compartilhava um segredo, Ele me contava outro. Toda vez que eu entregava amor, Ele me devolvia mais amor ainda! É assim que funciona um relacionamento. Tudo é recíproco, vai e volta. Na medida que você O busca, você O acha. Eu dei tanto de mim a Ele, que me tornei cheia dEle. E não por mérito meu! Mas porque isso é a Graça de Jesus.

A maioria das pessoas sempre que falam sobre a crucificação de Cristo, só focam o benefício da salvação. Mas pera aí, não é só isso! Quando eu comecei essa parceria fechada com Jesus, descobri que além da salvação, a Cruz significa reconciliação entre o homem e Deus. Antes de Jesus morrer, existia um véu que nos impedia de chegarmos até Deus (dá um Google se quiser entender essa história melhor). Mas aí veio Jesus, Lindo, e morreu para que esse véu fosse rasgado para que então, através dEle, tivéssemos TOTAL ACESSO ao Pai! Caraca, tem noção? Acha MESMO que eu vou ficar só com o benefício da salvação? Nananinanão, eu também quero a reconciliação, quero o acesso, a amizade de Deus! E então, quando nos tornamos íntimos, os nossos ouvidos se acostumam com a voz dEle. Nem sempre isso será de uma maneira literal. Às vezes os seus ouvidos serão o seu coração, a sua mente... Estranho, mas é que Deus fala de diversas formas. Quando se tem intimidade, você reconhece quando é Ele quem está falando. Tá ligado aquela frase "Ah, porque Deus falou ao meu coração"? Exatamente isso.

Quando temos um relacionamento íntimo com Deus, chegamos a um ponto em que tudo em nós está conectado a Ele. Exemplo: a intuição. Pra quem é amigo de Deus, o que chamamos de intuição, muitas vezes é, na verdade, Ele falando com a pessoa. Outro exemplo: Quem nunca conversou por olhares? Nem sempre seu amigo precisa usar palavras pra te falar algo. É só dar aquela olhada que já diz tudo. Não foram usadas palavras, mas porque você é íntimo daquela pessoa, um simples olhar já te fez entender tudo. É mais ou menos assim que funciona ouvir a voz de Deus. Se você O conhece, você O reconhece.

Sabe o que é o melhor disso tudo? É que quanto mais você conhece Deus, mais apaixonado você fica por Ele. Relacionamento com Deus é o tipo de coisa que você fica paranoico se ficar sem! É completamente cativante. Seria impossível explicar pra vocês com perfeição o que eu vivo com Deus, porque é realmente algo incrível demais para limitar com palavras, sabe? E isso definitivamente não é algo exclusivamente meu, muito pelo contrário. Por isso incentivo você a mergulhar nessa busca. Porque eu não consigo te explicar, mas você pode experimentar e ver tudo isso com os próprios olhos. Mas como vocês me pediram para compartilhar sobre a minha vida com Deus, aqui está. Tudo resumido em amizade. Esse é o fator que vai te manter de pé.

Sabe, eu não canto música cristã porque é o tipo de música que pertence à minha religião. Eu não falo de Deus, porque eu sigo uma religião. Eu prego Jesus porque Ele é a Verdade, o Caminho, a Vida. Eu falo de Deus sem medo, porque eu abri mão de tudo por Ele quando vi que só Ele podia trazer sentido pra minha vida. Cara, eu tenho 20 anos. Eu poderia estar fazendo milhões de coisas, mas quando eu iniciei minha amizade com Deus, aquilo me fez tão completa, me senti tão viva como nunca antes, porque achei nEle a minha razão. É isso que Jesus representa pra mim. Ele não é um amuleto da sorte, um despachante de bênçãos. Ele é Amigo. Ele é Aquele que ama caminhar junto da gente, lado a lado. Acha que eu trocaria isso por qualquer outra coisa no mundo? Nunca. Não procure a Deus por aquilo que Ele pode te dar, mas sim por quem Ele é, porque não existe nada que tenha mais valor do que a presença dEle te acompanhando. Cara, chega a ser bizarro de tão incrível! Hahaha, aff…

Outra coisa que aprendi é que tudo começa no seu secreto com Ele. Tudo! O que você é na sua intimidade com Deus, e quem você será para as pessoas. Quando você está no seu quarto sozinho com Ele, aquele sim é você de verdade, a sua melhor versão. Se eu não tivesse vida com Deus eu até poderia parecer bem "de Deus", só que o que as pessoas estariam vendo seria apenas uma encenação. Mas quando você O busca de verdade, você recebe autenticidade e isso fica estampado na sua cara.

Enfim (olha o "enfim" aqui de novo)... Ele e eu temos uma história de amor. Eu não precisei de muito para ter a amizade de Deus. Só é preciso ser sincero. A sua sinceridade move o coração dEle. Quando eu comecei com essa parada de ir profundo no Evangelho e nas coisas de Deus, eu não tive que fazer um curso de como falar, quais palavras usar... Cheguei sendo eu, com toda a minha sinceridade e isso fez com que Deus olhasse para o meu coração e me correspondesse. Não foi necessário nenhum tipo de formalidade. Ou você acha que Deus não tá ligado nos paranauê, nas hashtags da vida, nos memes? Ele entende todas as minhas gírias, minhas piadas idiotas (e Ele ainda ri pro clima não ficar chato), e isso se chama intimidade! Sem fingimento. Deus sabe de cada vacilo nosso. Mas os meus erros, as minhas falhas não podem me impedir de me aproximar de Deus porque é exatamente na presença dEle que eu recebo perdão, auxílio e conserto!

A sinceridade faz com que você se exponha 100% para Deus e então Ele expõe os nossos pontos positivos e negativos. A amizade com Deus nos molda, faz a gente melhorar, crescer, ver as coisas da maneira dEle, conhecer a Sua vontade... Por exemplo, quando as pessoas me questionam sobre vários pontos que a religião destaca, como tatuagens, ouvir músicas "seculares"... Cara, a maioria das pessoas condena essas e outras coisas porque convém a elas condenar e não por causa da vontade de Deus. Por isso sempre que me questionam, eu nunca digo "não faça ou faça porque não tem problema". Se biblicamente não tem uma resposta, eu digo "Pergunte a Deus. Ele tem boca pra falar o que é melhor para você". Deus valoriza e prioriza o relacionamento porque Ele nos enxerga individualmente. Então é necessário aprender a ouvir a voz de Deus, você precisa dessa conexão porque se Ele liberou a minha tatuagem, Ele pode por algum motivo relacionado a sua vida, não liberar para você. Sacou? O lance da tatuagem é só um exemplo que eu dou pra ninguém ser maria vai com as outras e fazer só porque eu fiz, mas quer ver... Outro dia eu estava programando uma viagem com quatro amigas e de repente chegou mais uma querendo ir junto. Ela começou a se programar com a gente, já tinha até conseguido todo o dinheiro para ir. Quando ela foi orar à noite, Deus falou que não era para ela ir nessa viagem. Então, o que me diz? Não sabemos por que Deus liberou a gente e ela não. Mas sabemos que Deus conhece o passado, presente e futuro de cada um. Foi o que Ele achou que seria melhor para ela e nosso dever é obedecer.

Conheço muitas pessoas que, por conta de motivos pessoais, Deus tem que tratar com, digamos, rédea curta. Ele sabe o que é melhor e necessário para cada um e só através da intimidade podemos conhecer qual é exatamente a vontade dEle pra gente ou aquilo que Ele quer que a gente faça. Eu acredito muito que quando Deus nos criou, Ele não estava apenas criando "servos". Essa não era sua intenção. Os anjos sempre existiram com Deus e cumprem tarefas muito melhor do que a gente, então não acredito que essa seria a questão principal.

Deus sempre nos viu como mais do que "servos", mas filhos, amigos. Não só como um servo que quer apenas fazer suas tarefas para cumprir com sua obrigação e quase nunca tem amor envolvido nisso. Um servo não tem vínculo com o seu senhor. Mas aquele que ama e tem seu senhor como amigo, trabalha muito mais que o próprio servo, porque ele não quer só cumprir uma listinha de tarefas para ser dispensado do serviço o mais rápido possível, mas porque ele AMA e conhece o seu senhor, faz tudo por amor, e faz mais do que aquilo que lhe é pedido. Olha o que Jesus disse para os discípulos dEle:

"Vocês serão meus amigos, se fizerem o que eu lhes ordeno. Já não os chamo servos, porque o servo não sabe o que o seu senhor faz. Em vez disso, eu os tenho chamado amigos, porque tudo o que ouvi de meu Pai eu lhes tornei conhecido." (João 15:14,15)

Em outras palavras *"Nóis é parça!"*. Jesus espera que a gente chegue até Ele com liberdade e não como estranhos, desconhecidos. Ele nos ama e quer a gente por perto o tempo todo! Quando a gente se torna amigo de Deus, tudo muda. Não nascemos só para ouvir sobre Ele e eu acredito que uma hora ou outra todos serão cativados por essa amizade entre Deus e o homem. Tê-Lo como Amigo é a coisa que mais pode te fazer uma pessoa verdadeiramente completa. Tem muita gente que vive reclamando por aí "Ai, eu não tenho uma razão pra viver, quero morrer, não vejo sentido na vida..." e blá blá blá... Amigo(a), é porque você ainda não experimentou ser amigo de Deus, porque quando você se tornar um amigo de Deus você vai ver como essa vida faz sentido sim. E se faz sentindo ser amigo dEle aqui na terra, imagina como vai ser isso no Céu, por toda a eternidade!

Sabe, vida com Deus não é cumprir tarefas, mas é fazer a vontade dEle ao lado dEle. Sim, eu poderia não ter colocado minha vida com Deus como prioridade e continuar dando mais valor para as coisas terrenas. Mas eu me lembrei de que as coisas daqui são passageiras e a qualquer momento eu poderia me decepcionar se o meu coração estivesse naquelas coisas. E a saída disso é que existe um Deus que nunca falhou e nunca falhará como um bom Amigo que é.

Sendo assim, pode rolar a treta que for na minha vida, mas eu tenho um vínculo inquebrável com Deus e do jeito que eu estiver, independentemente da circunstância, eu posso correr para o meu quarto, e encontrá-Lo sorrindo para mim com os Seus braços abertos. Então tudo fica bem, porque nEle está tudo o que eu preciso.

> Vocês sabem que eu gosto de interagir, né!? Então pensei nesta brincadeira para terminar! Espero que gostem. Estou ansiosa!!

Claro que eu também acho que esta nossa conversa seria muito mais legal se fosse pessoalmente, com direito a momento-foto, estilo BFFs e tal, mas como seria impossível eu me encontrar com cada leitor, vamos improvisar mesmo, porque é o que tem pra hoje.

Escolha uma das minhas três caras que estão nas próximas páginas, coloque-a perto do seu rosto e tire uma selfie nossa. Pronto! Ninguém vai dizer que nosso encontro não foi real.

Ah! Poste a foto no Instagram, usando a hashtag #OLivroDetudo e me marqueeee!

Invejosos dirão que é montagem, mas não liga.

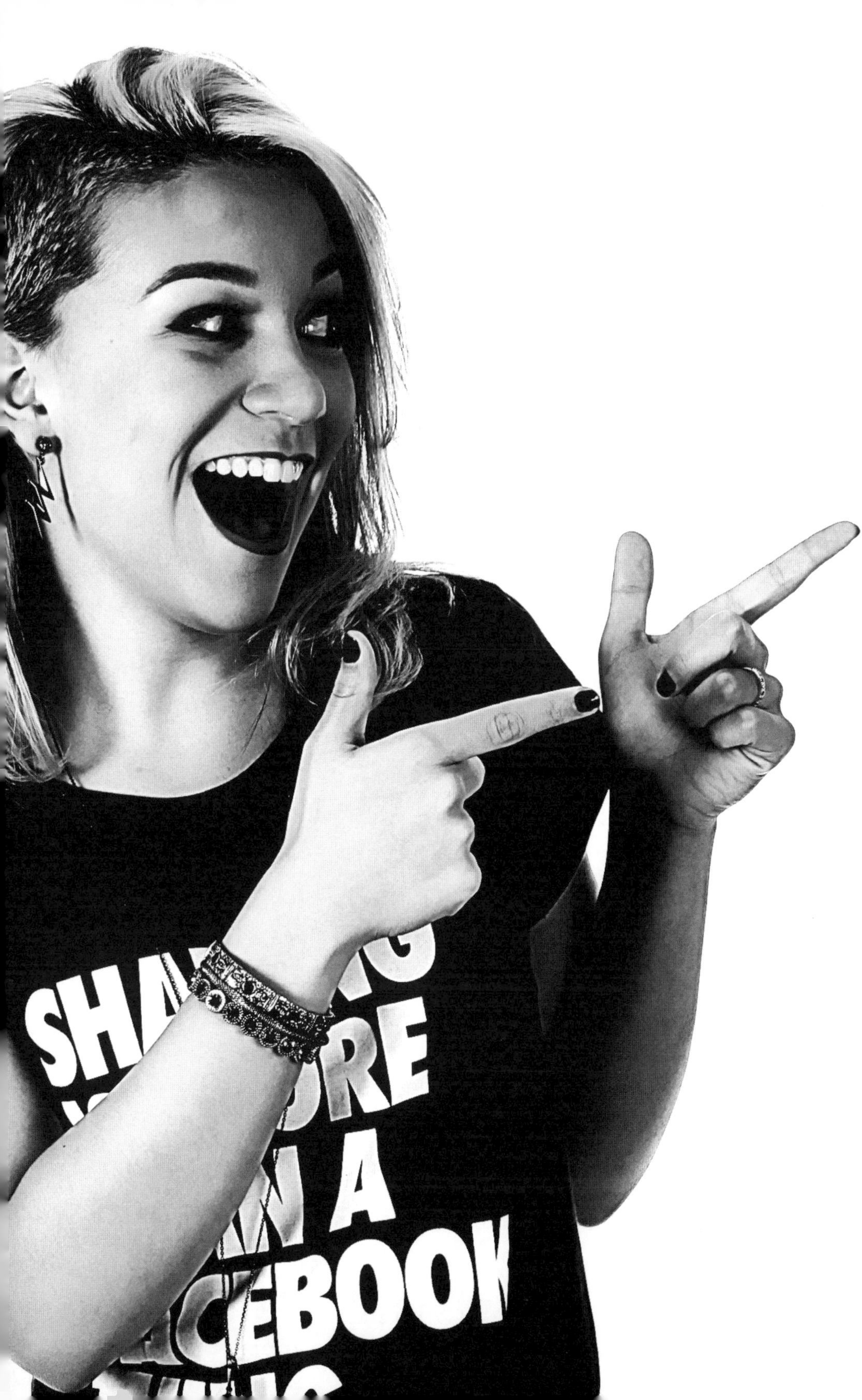

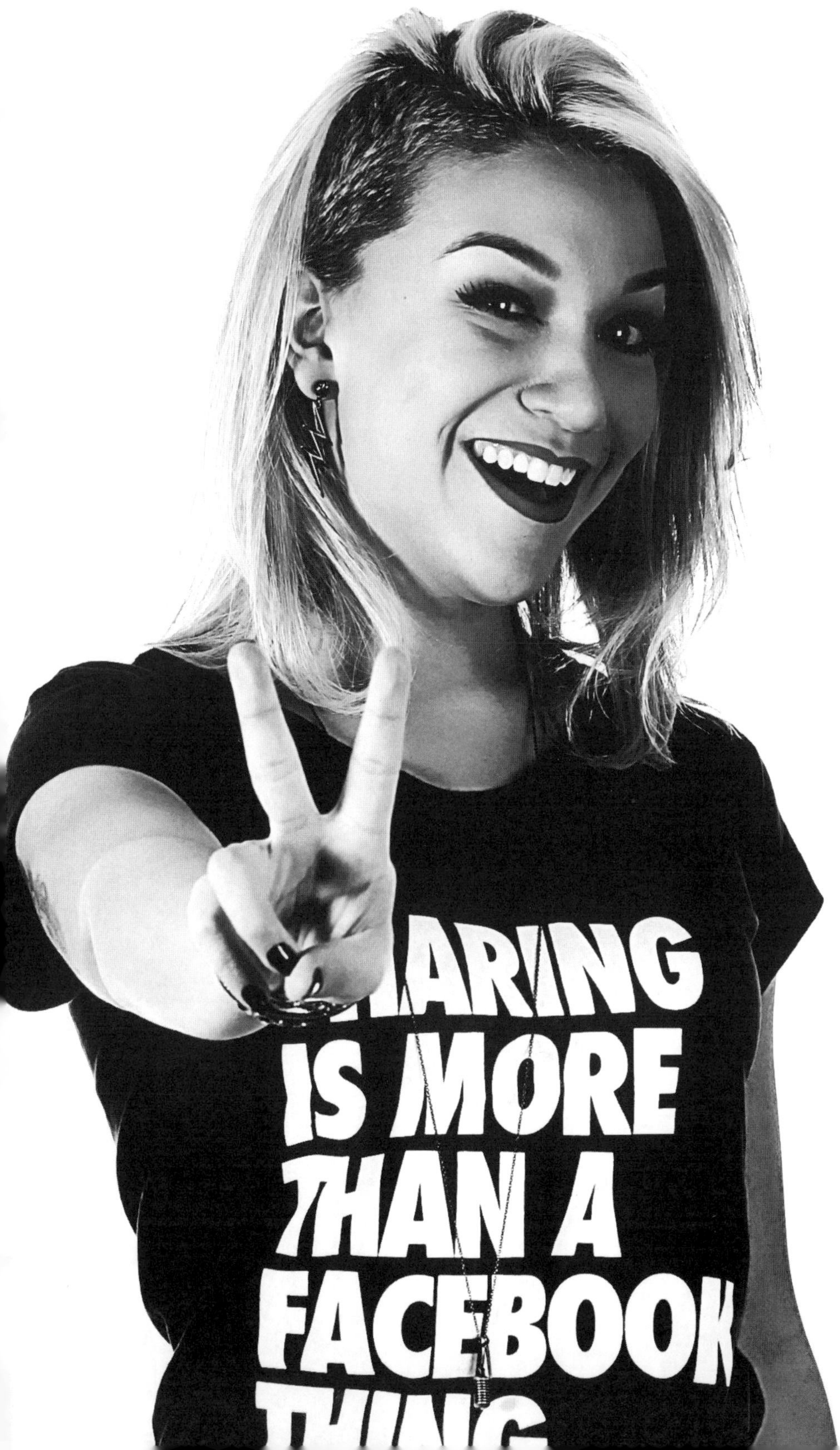
IS MORE
THAN A
FACEBOOK

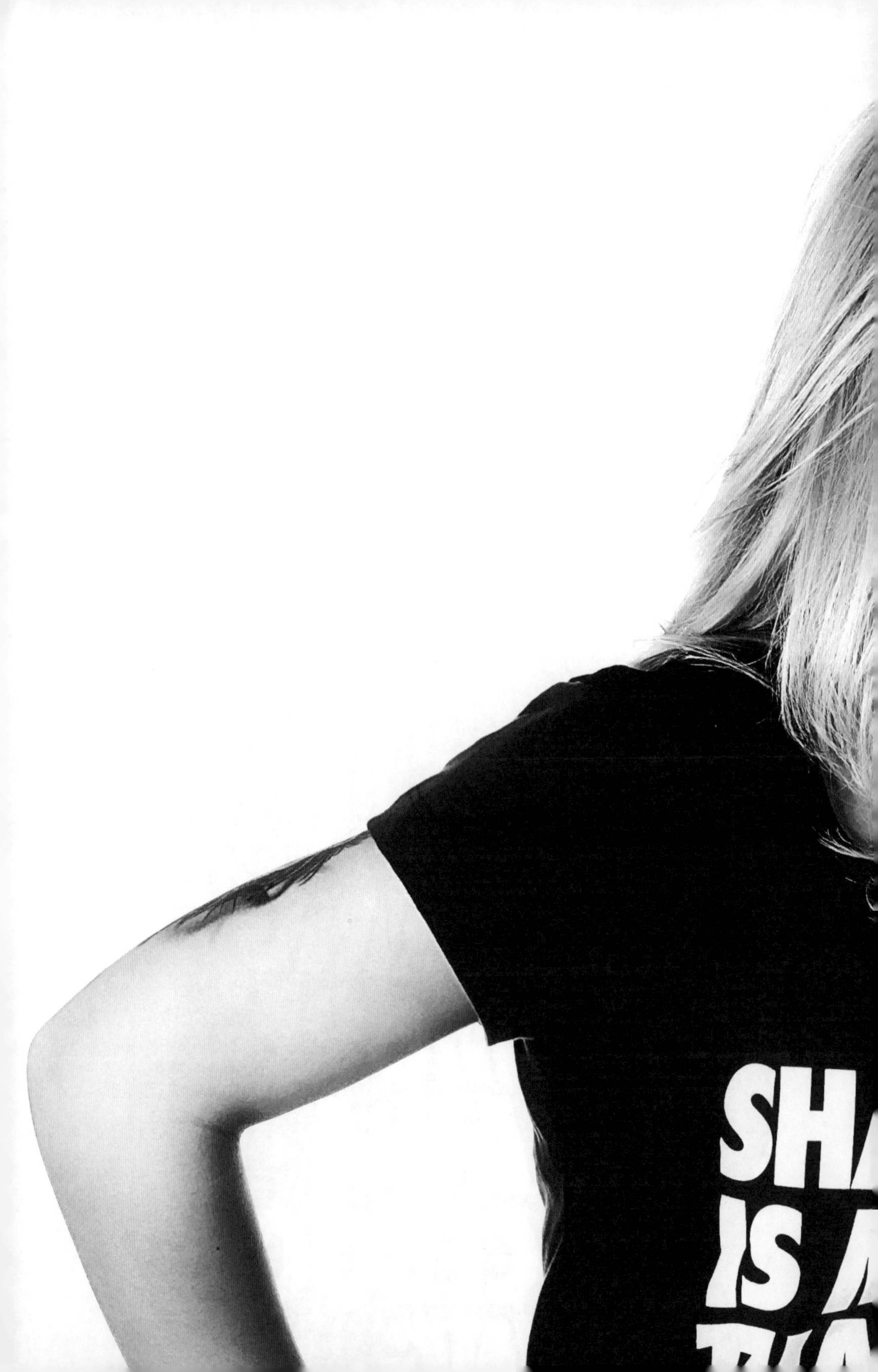

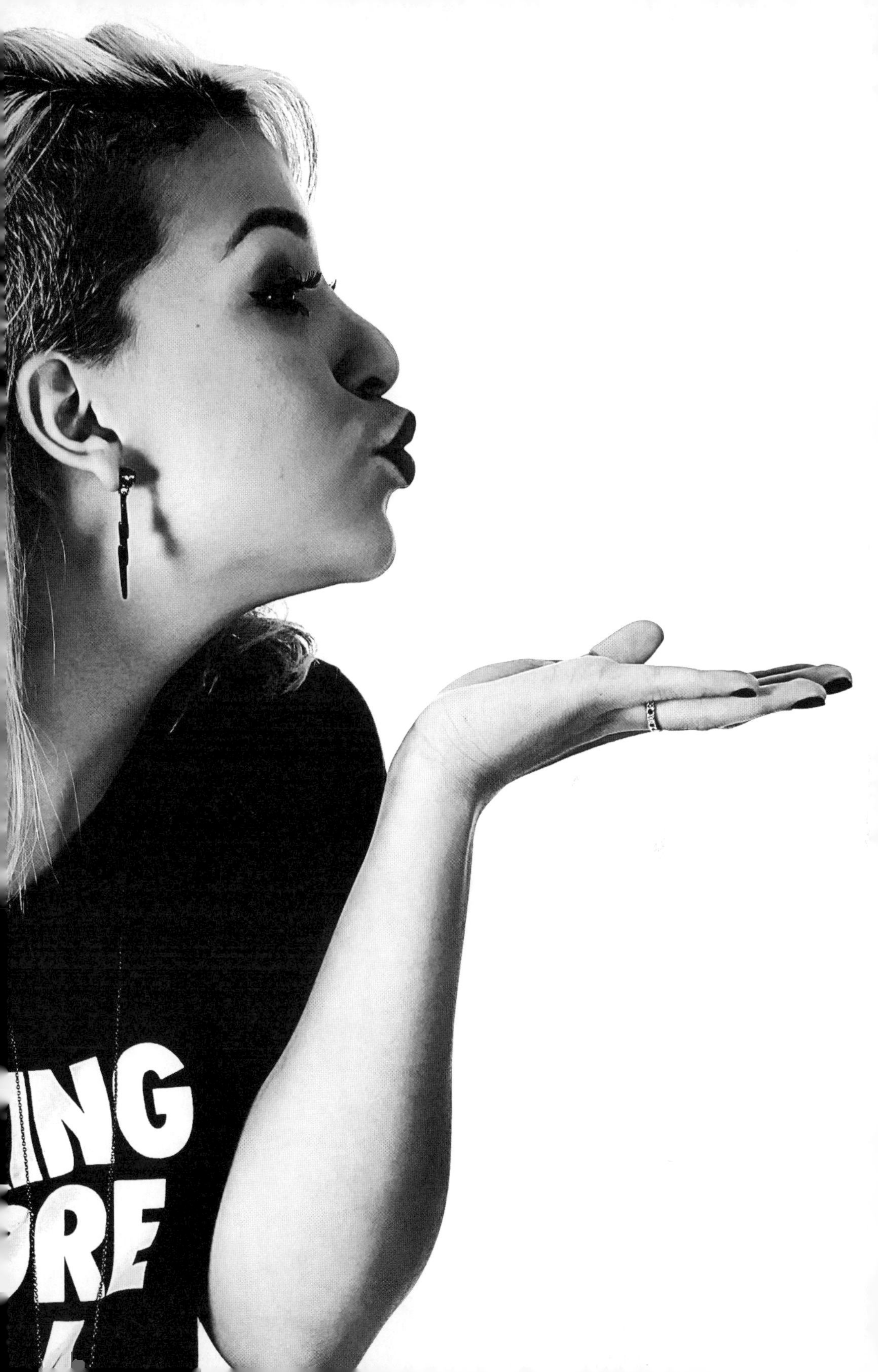

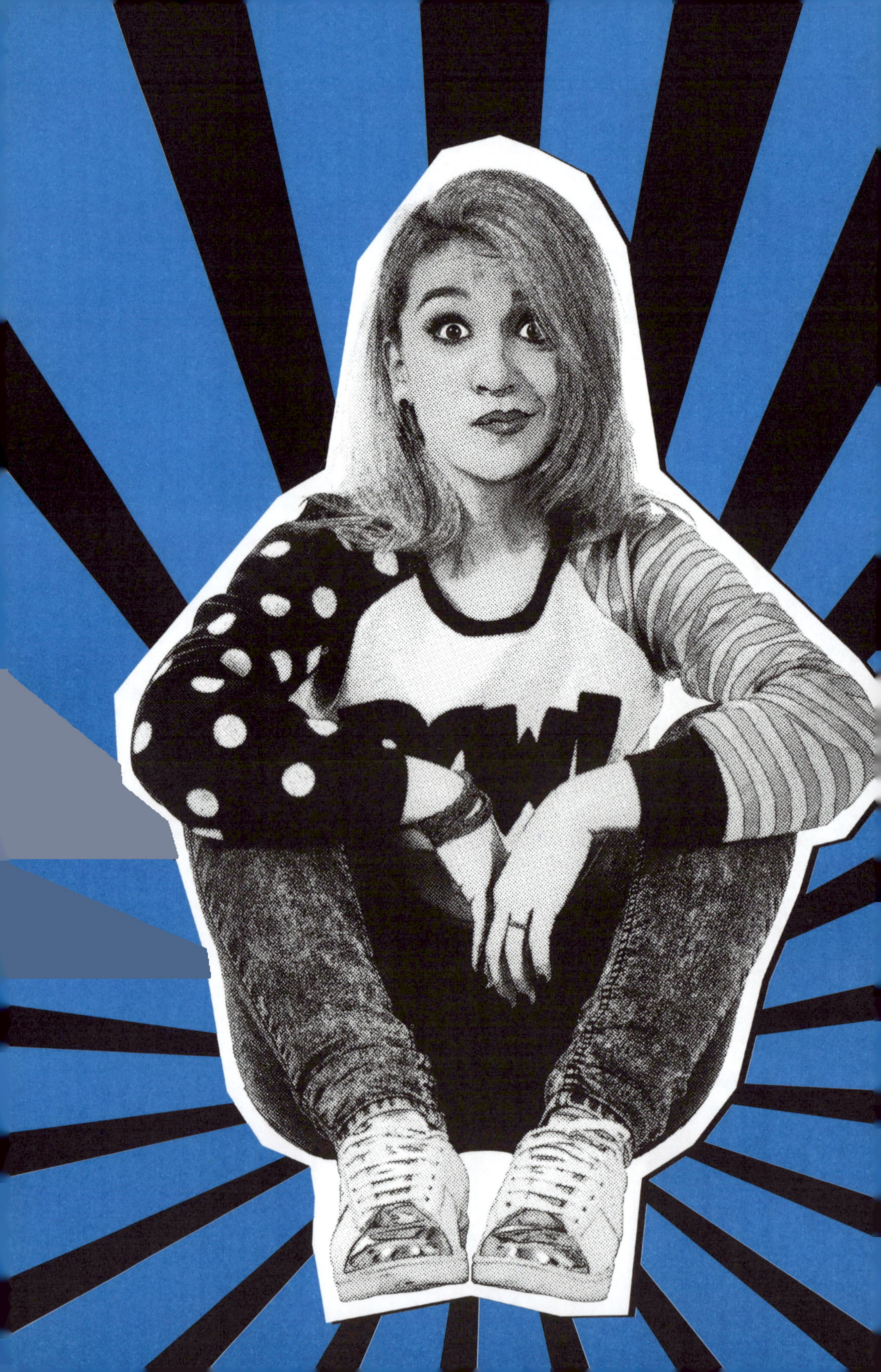

Ai, gente... eu espero que vocês tenham gostado tanto quanto eu. Eu não tenho uma frase de efeito para acabar o livro como os grandes autores e tal, então vou acabá-lo do jeito que eu sei. Espero que gostem!
Um beijo!

QUASE FIM

Ah! Tem uma surpresa para vocês no e-book!!

Uma história com começo,
meio, mas sem um fim
A vida que tenho em Ti
é uma linda história a se ouvir

Todo dia uma nova chance
Para cada dia uma nova missão
Nem sempre entendo mas seguro
em sua mão

Eu vou seguindo sem me importar
com meu medo
Mesmo sendo tão difícil aqui
Eu vou seguindo pois a eternidade
ao seu lado...

Faz meu coração ficar calmo!

AGORA SIM: FIM

SITE OFICIAL DA AUTORA: www.priscillaalcantara.com.br

FONTES: Eligible
All Things Pink
PAPEL: Offset 90g/m²
IMPRESSÃO: Paym

#Ágape nas redes sociais

www.agape.com.br